DAS HOHE VENN

FEUCHT-KALTES KLIMA

Das Klima des Hohen Venns ist vor allem von Nebel, Regen und Schnee geprägt. Hier sorgt der heraufziehende Nebel für eine außergewöhnliche Stimmung in den früher von Bränden heimgesuchten Fichtenwäldern.

Carine Taffein

Michel Decleer

DAS HOHE VENN

Bedrohter Zauber wilder Natur

GEV

Das Hohe Venn, bedrohter Zauber wilder Natur

DAS HOHE VENN

Moore, insbesondere Hochmoore, findet man in Belgien nur auf den alten Hochebenen der Ardennen im Süden von Samber und Maas. Diese Hochflächen liegen auf einer Höhe von mehr als 500 m ü.M. und werden von kalt-feuchtem Klima geprägt. Die mittlere Jahrestemperatur übersteigt dort selten 7° C, und es fallen doppelt so viele Niederschläge wie anderswo in unserem Land. Etwa ein Viertel davon erreicht den Boden in Form von Schnee (an durchschnittlich 43 Tagen pro Jahr), der Rest fällt als Regen (an durchschnittlich 172 Tagen pro Jahr) oder als Nebel (an durchschnittlich 175 Tagen jährlich).

Klimatologie	Hoch-Belgien (Botrange)	Mittel-Belgien (Uccle)
mittlere Jahrestemperatur	6,1° C	9,4° C
mittlere Januartemperatur	-1° C	2,7° C
mittlere Julitemperatur	16° C	16,8° C
mittlere Niederschlagsmenge	1400 mm	835 mm

Das bekannteste und flächenmäßig größte Moorgebiet ist das Hohe Venn. Es liegt im äußersten Osten unseres Landes, zwischen Eupen und Malmedy einerseits und Spa und Mützenich andererseits. Es ist das höchste Gebiet von Belgien mit Baraque Michel (672 m) und Botrange (694 m) als höchsten Punkten. Auf dieser Hochebene liegt, durch das Wesertal im Norden und das Warchetal im Süden begrenzt, das größte und älteste Naturschutzgebiet Belgiens. Es ist mehr als 4000 Hektar groß und besteht aus Hochmooren, Niedermooren, Heideflächen und Wäldern. Die Hoch- und Niedermoore sowie die Erlen-Birkenwälder sind natürlichen Ursprungs; die moorigen Heideflächen und die Eichen-Birkenwälder sind zum Teil das Werk des Menschen.

Das Klima und die Art des Bodens (das Plateau wurde zur Zeit der letzten Eiszeit größtenteils von einer undurchdringlichen Tonschicht bedeckt) haben die Entstehung von Hochmooren ermöglicht. Es sind diese nassen Biotope, die das Fundament des Naturschutzes in diesem Gebiet ausmachen: Man wollte die letzten Reste "Urnatur" für die Nachwelt erhalten. Dafür wurde 1957 das "Naturschutzgebiet Hohes Venn" eingerichtet. Es wurde zudem wegen seines außerordentlichen wissenschaftlichen und landschaftlichen Wertes 1966 mit dem "Europäischen Naturschutz-Diplom" ausgezeichnet.

BEDROHTE ÜBERRESTE EINER URLANDSCHAFT

Um 2000 v. Chr. (Bronzezeit) war Europa noch größtenteils mit Wald bedeckt: ein natürlicher Wald, der nach der letzten Eiszeit, vor etwa 10.000 Jahren, entstanden ist. Nur an den höchsten Erhebungen der Gebirge, auf besonders sumpfigem Boden oder auf Wanderdünen konnte kein Wald wachsen. Nach und nach besiedelte der Mensch diese Urlandschaften. Er fällte Holz, mähte, plaggte, beweidete, machte Heu und stach Torf. Er pflanzte Hecken als Begrenzungen, hob Gräben aus usw. Einige Pflanzen- und Tierarten starben aus, andere profitierten von diesen Eingriffen des Menschen und ließen sich nieder.
Bis zur Hälfte des 19. Jahrhunderts veränderte sich die Natur nur langsam, und von störenden Eingriffen konnte damals noch keine Rede sein. Die große Wende kam mit Anbruch des 20. Jahrhunderts, der Mensch rückte der Natur mit Technik und Wissenschaft zu Leibe, und auch vor den einsamen öden Gebieten wurde nicht Halt gemacht. Die Sumpf- und Moorgebiete verschwanden nach dem Torfstechen durch weiträumig durchgeführte Dränungen und Anpflan-

zungen. Hier und dort konnte man einen letzten Rest Urnatur retten, unter anderem die einzigen Hochmoore unseres Landes: die der Ardennen-Hochflächen, insbesondere das Hohe Venn. Dieses Buch ist kein Reiseführer. Es berichtet über die Entstehung des Hohen Venns, dessen Hoch- und Niedermoore, die moorigen und die trockenen Heideflächen, natürliche und halbnatürliche Wälder, ... und von der Bedeutung dieser Landschaften für Pflanzen und Tiere. Im Vordergrund stehen die Hoch- und die Niedermoore, und unter den Pflanzen und Tieren die eher unauffälligen Bewohner, an denen meistens vorbeigesehen wird.

Dieses Buch ist geschrieben worden, um den Naturschutz dieses Gebietes zu verbessern, denn seit dem Aufkommen des "grünen Tourismus" ist das Naturschutzgebiet allerlei neuen Bedrohungen ausgesetzt. Es muß um jeden Preis verhindert werden, daß die jetzt noch vorhandenen aktiven Hochmoore für die Allgemeinheit freigegeben werden und von unvorsichtigen bzw. unwissenden Spaziergängern zertreten werden. Denn die Regeneration eines derartigen, mühevoll entstandenen Biotops erfordert - sofern überhaupt möglich - viele Jahrhunderte. Man muß verhindern, daß die Balz der letzten belgischen Birkhuhnpopulation der Vergangenheit angehört: Jede Störung richtet Schaden an. Es muß erwähnt werden, daß auch der Fotograf dieses Buches, Michel Decleer, keine Erlaubnis erhielt, diese seltenen Brutvögel zu fotografieren. Aus Respekt vor dieser Schutzmaßnahme beschlossen wir, Ihnen diese Vögel anhand von einer Zeichnung von Rita Teerlinck vorzustellen.

Dieses Buch soll dem Leser eine bessere Einsichtnahme in die Problematik des Naturschutzes im Hohen Venn verschaffen. Wir hoffen, auf diese Weise einen kleinen Beitrag zum Erhalt dieser "Urlandschaft" zu leisten.

Die Entstehungsgeschichte des Hohen Venns

DIE SEHR FERNE VERGANGENHEIT

Das Hohe Venn entstand auf einer der größten, durch Erosion abgeflachten und von Wasserläufen zerteilten Hochebenen der Ardennen. Da ein deutlicher Zusammenhang zwischen dem geologischen Unterbau und den Landschaftsformationen an der Oberfläche besteht, wird die ganze Entstehungsgeschichte des Ardennen-Massivs noch einmal aufgerollt. Obendrein werden Sie während einer Wanderung durch das Venn mit Sicherheit einigen der stillen Zeugen aus dieser fernen Vergangenheit begegnen!

Die Felsbrocken, die hier und da aus dem Pfeifengras herausragen oder entlang der Ufer der Moorbäche liegen, werden sicher Ihr Interesse wecken. Ihre Farben variieren zwischen graublau und schwarz, und sie sind häufig von weißen Adern durchzogen. Andere Farbschattierungen verdanken diese Steine meistens dem Bewuchs von Flechten. Die Steine stammen aus dem Beginn des ersten Erd-Zeitalters, nämlich dem KAMBRIUM und teilweise dem ORDOVIZIUM (vor ca. 500 Millionen Jahren). Damals sanken Sand und Ton, entstanden durch die Verwerfung der präkambrischen Gebirge, zum Boden des Ozeans. In der Folge, zu Beginn des DEVON (vor ca. 400 Millionen Jahren), wurde der Meeresboden zusammen mit dieser dicken Lage von Sedimenten gefaltet und emporgehoben.

Bei dieser Auffaltung, der sogenannten „kaledonischen Faltung“, wurden die Ardennen geformt. Die alten Sand- und Tonablagerungen gelangten dabei in den Felsboden [(1)]. Durch einen Umwandlungsprozeß, der mehrere Millionen Jahre andauerte, entstanden die heutigen, sehr harten Quarzit-, Quarzphyllit- und Phyllitschichten der Ardennen. Bruchstücke dieser Gesteine sind heute überall im Venngebiet zu finden.

ÜBERRESTE DER EISZEIT

Etwa 2.500 Hektar der Vennebene sind mit Palsen, Frosthügelresten, übersät. Während der letzten Eiszeit blies der Wind die schützende Schneeschicht weg und die Kälte konnte in den Boden eindringen. Das Wasser in den Bodenkapillaren gefror. So entstanden kleine Eislinsen, die den Boden emporhoben. Als das Klima sich wieder erwärmte, sanken die solcherart entstandenen Frosthügel in sich zusammen und es blieben unzählige mit Wasser gefüllte Vertiefungen in der Landschaft zurück. Diese füllten sich nach und nach mit Torfmoosen, später entstand Torf.

Die Umwandlung von Sand und Ton

SEDIMENTÄRE Gesteine *(Absatzgesteine)*				METAMORPHE Gesteine *(Umwandlungsgesteine)*		
			Metamorphose			
Sand	→	Sandstein	→	Quarzitischer Sandstein	→	Quarzit
Ton	→	Tonschiefer	→	Schiefer Phyllit	→	Glimmerschiefer

Foraminiferen

Erosion (Wind, Wasser, ...) griff einen Teil des Kaledonischen Gebirges an und beförderte das Verwitterungsmaterial ins Meer. Anschließend wurde das rund um dieses Gebirge gelegene Gebiet erneut vom Devonmeer überströmt. Das geschah verschiedene Male: Die erste Überströmungsphase (Alt-Devon) hinterließ Sand und Lehm, bei den letzten beiden Überströmungsphasen (Mittel- und Jung-Devon) wurde neben Sand und Lehm auch noch eine dicke Schicht Kalkgrus abgelagert. Dieser Grus stammte aus den marinen Organismen mit Kalkskelett, die in diesen warmen Meeren lebten. Aus den Sand- und Tonablagerungen des Devon entstanden Sandstein, Arkose, und später Quarzit, sowie auch Schiefer und Phyllit. Die Kalkablagerungen des Jung- und Mittel-Devons wurden in harten, kristallinen Kalkstein umgewandelt (2).

Devongestein (vor allem des Alt-Devons) trifft man noch immer an beiden Flanken (NW und SO) des alten Ardennenmassivs, dem Massiv von Stavelot, an. Die abrupte Veränderung der Geländeoberfläche ist übrigens diesen Gesteinen zuzuweisen: Die weichen, devonischen Gesteine wurden natürlich viel stärker abgetragen als die harten Gesteine des Kambrium.

Während des darauffolgenden Zeitabschnittes, dem KARBON (vor ca. 345 Millionen Jahren), fand eine neuerliche Überströmung, allerdings nur im Nordwesten, statt und hinterließ wiederum Kalkablagerungen.

Am Ende des Karbonzeitalters und zur Zeit des PERM (vor ca. 280 Millionen Jahren) wurden alle diese devonischen und karbonischen Ton-, Sand- und Kalkschichten zusammen mit dem kambro-ordovizinischen Massiv nochmals gefaltet. Das HERZYNISCHE Gebirge erhob sich aus dem Meer (3). Erosion flachte das Gebirge so stark ab, daß die ursprünglichen kambrischen Gesteine wieder an der Oberfläche erschienen (4). In der Umgebung von Malmedy wurde eine Oberflächenabsenkung mit Geröll von unterschiedlicher Herkunft aufgefüllt. Es handelte sich sowohl um Kieselsteine aus dem Kambrium als auch aus dem Devon und selbst aus dem Karbon. Ein feinkörniger Zement (Ton oder Tonkalk) verband diese Steine zu einem Konglomerat: Der berühmte Puddingstein von Malmedy hatte hier seinen Ursprung. Dieses Phänomen fand aller Wahrscheinlichkeit nach während des Perm statt, nach der Abflachung des Herzynischen Gebirges.

Während der letzten Periode des sekundären Zeitabschnittes, nämlich in der Kreidezeit (vor ca. 135 Millionen Jahren), wurde der primäre und schon zweimal gefaltete Sockel nochmals überflutet (5). Im warmen und wenig tiefen Kreidezeit-Meer lebten Millionen von Organismen mit einem Kalkskelett, u.a. Foraminiferen. Die mit kleinen Löchern versehenen Kalkhüllen setzten sich in einer dicken Schicht von Schlamm ab. Aus diesem Kalkschlamm entstand im Laufe der Zeit eine weiche Kalksteinart, die Kreide. Des weiteren lebten in diesem Meer auch kieselhaltige Organismen. Nach ihrem Absterben sanken die Kieselreste zum Meeresboden und aus ihnen entstanden durch Verkieselung (in basischem Milieu) große Silex-Knollen bzw. Feuersteine. Die Kreide, die wahrscheinlich die gesamte Hochebene bedeckt hatte, ist fast vollständig verschwunden, wohl aber zeugen noch heute große Mengen von Silexen von dieser sekundären Transgression. Man findet Feuersteine in der Umgebung von Baraque Michel und in den meisten Vennbächen (Hill, Rur, Bayehon usw.). Eine der mächtigsten Ablagerungen, ca. 1 m stark, befindet sich in der entlang dem Poleurbach gelegenen Steilwand von Beauloup.

Eine letzte Überflutung fand während des tertiären Zeitabschnittes, ausgeprägter noch im OLIGOZÄN (vor ca. 30 Millionen Jahren), statt. Das Wasser setzte Sand ab, der wegen eines eisenhaltigen Silikats, des Glaukonits, eine grüne Färbung erhielt (6). In den Mooren des Nordostens, auf der Höhe des Arnoldkreuzes, befindet sich noch eine derartige Ablagerung. Des weiteren wurde auch Grus abgelagert, unter anderem in der Umgebung von Baraque Michel, entlang der „Vecquée", dem Bischoffsweg.

Arktische Tiere und Pflanzen:

Moschusochse

Rentier

Vielfraß

Silberwurz

Das Vorhandensein von sekundären Silexen und tertiärem Grus auf dem höchsten Kamm des Vennplateaus wird durch ein erneutes Emporheben erklärt, das als Kompensation der Absenkung der Rheinebene im Nordosten stattfand [7]. Dies geschah während der zweiten Hälfte des tertiären Zeitabschnittes (vor ca. 20 Millionen Jahren) und schob das gesamte Gebiet, zusammen mit den schon teilweise eingefallenen sekundären und tertiären Ablagerungen, wieder in die Höhe. Dieses letzte Emporheben war darüber hinaus im Osten stärker als im Westen, was den Höhenunterschied zwischen den verschiedenen Vennplateaus erklärt. Von West nach Ost sind folgende Höhen anzutreffen: Croix Scaille mit 505 m, Plateau de St. Hubert und Recogne mit 589 m, Plateau des Tailles mit 652 m, Plateau des Hautes Fagnes mit 673 m (Baraque Michel) und mit 694 m (Botrange).

WÄHREND DER EISZEITEN

Die heutige Landschaft entstand während des glazialen Zeitraumes, im PLEISTOZÄN (vor ca. 2,5 Millionen Jahren bis vor ca. 10.000 Jahren). In dieser Zeitspanne wurden unsere Landschaften von vier Eiszeiten heimgesucht, jeweils abwechselnd mit dazwischenliegenden wärmeren Perioden: der Günz- oder Menap-Eiszeit, der Mindel- oder Elster-Eiszeit, der Riß- oder Saale-Eiszeit und zuletzt der Weichsel- oder Würm-Eiszeit.

Besonders die letzte Eiszeit ist für die Landschaft des Hohen Venns von großer Bedeutung gewesen. Die Ablagerung von Löß auf den Hochebenen der Ardennen, die Fortbewegung großer Schotterbrocken entlang der Abhänge und die Bildung von PALSEN bzw. Frosthügeln fand während der letzten kalten Periode dieser Eiszeit statt.
Bevor wir jedoch auf die besonderen Klimaeinflüsse des Spät-Pleistozän (von vor 100.000 Jahren an) eingehen, einige Ausführungen über die Geschichte der Landschaft vor der letzten Eiszeit.

DIE EROSION DER ARDENNEN-HOCHEBENE

Während der Eiszeiten des Alt- und Mittelpleistozän traten abwechselnd mehr und weniger kalte Perioden auf. Bei Tauwetter schliff das Schmelzwasser, das nicht in den noch teilweise gefrorenen Boden ablaufen konnte, sich einen Weg durch die bestehende Bodenoberfläche. Unter dem Einfluß dieser starken Abtragung entstanden die meisten Täler in unserem Land. Auch die Täler der Amel, Ourthe, Lesse und Lhomme, die die Ardennenhochfläche in vier kleinere Plateaus teilen, verdanken ihr Entstehen der starken erosiven Wirkung des Schneeschmelzwassers.

ABLAGERUNG VON LÖSS AUF DEN HOCHEBENEN DER ARDENNEN

Die Basis der Vennlandschaft wurde jedoch im letzten Teil der Würm-Eiszeit geschaffen, im sogenannten Jung-Pleistozän (von vor 100.000 Jahren an). Unser Land lag nicht unter den Gletschern, aber es war trotzdem kalt. Während der ältesten Tundren- oder Dryaszeit (vor ca. 15.000 Jahren) herrschte in unseren Gegenden ein arktisches Klima. Auch die Tier- und Pflanzenwelt zeigte arktische Züge. In der kargen Tundra wuchsen kleine Kriechweiden und Zwergbirken. Außerdem gedieh auch der Silberwurz (Dryas octopetala): ein kleiner, kriechender Strauch mit großen, gelblichen Blüten, der heutzutage nur noch im hohen Norden und im Hochgebirge wächst. Diese boreal-alpine Pflanze gab übrigens dieser kalten Periode des späteiszeitlichen Zeitabschnittes ihren Namen. In dieser kargen Vegetation weideten Rentiere und Riesenhirsche; Lemming, nordische Wühlmaus und Schneehase verbargen sich vor Polarfuchs und Vielfraß.
Durch das Fehlen einer beschützenden Pflanzendecke erhielt der Wind freie Bahn und blies große Mengen Sand, sandigen Lehm und schließlich sogar auch Lehm weit weg. Der Sand und der sandige Lehm gelangten hauptsächlich bis nach Nieder-Belgien, der Lehm und der feine Lehm (Löß) bis nach Mittel- und Hoch-Belgien. Als das Klima zu Beginn des nacheiszeitlichen Zeitraumes (dem HOLOZÄN, ab 8000 Jahre v. Chr.) milder und regnerischer wurde, wurde ein Teil dieses feinen Lehms weggespült. An den tiefergelegenen Stellen oder an den sanften Hängen der Hochebenen vermischte sich dieser Lehm mit dem dort vorhandenen Ton, der aus der Verwitterung des kambro-ordovinischen Schiefergesteins hervorgegangen war. So entstand die undurchdringliche Ton-Lehm-Schicht, auf der die Moore sich entwickeln konnten.

FRÜHLINGSSTIMMUNG AN DER HOLZWARCHE

Wilde Narzissen bringen Farbe in die noch winterliche Pflanzendecke der Abissage-Wiesen.

EIN SILBERNES BAND DURCHZIEHT DIE LANDSCHAFT

*Zahlreiche Flüsse entspringen mitten im Venn: Hoegne, Statte, Getzbach, Rur ...
Als silberne Bänder schlängeln sie sich durch die Vennlandschaft und fließen später durch tiefeingeschnittene kleine Täler weiter nach unten. Einige von ihnen werden in großen Stauseen aufgefangen, die der Trinkwasserversorgung des gesamten Gebietes dienen.*

GEOLOGISCHE ZEITTAFEL

Alter (in Mio. Jahren)	Geologisches Zeitalter (ÄRA)	Geologische Epoche	Wichtige geologische Ereignisse	Gesteine im Untergrund des Hohen Venns und in der näheren Umgebung	Erklärungen für interessierte Amateur-Geologen
	QUARTÄR				
1,8	TERTIÄR	PLIOZÄN 7	Bodenanhebung infolge der Senkung der Rheinebene, im Osten stärker als im Westen		
		MIOZÄN 26			
		OLIGOZÄN 38			
50			Ablagerung von Sand und Kies	Tertiärer Sand und Kies	
		EOZÄN 65			
65	SEKUNDÄR	KREIDE	Ablagerung von Kalk- und Kieselschlick, Lehm, Sand und Kies durch das Kreidemeer	In eine dicke Lehmschicht eingelagerte Silexe	*Silexe oder Feuersteine* werden meistens in Stücken aufgefunden und sind dunkelbraun bis hellgelb. An der Außenseite befindet sich eine weiße Schicht, die den Übergang von Kiesel zu Kalkstein bildet. Beim Durchschlagen zerspringen sie in messerscharfe Splitter, und es entstehen Funken.
100					
		140			
150		JURA	– –	– –	
		190			
200		TRIAS	– –	– –	
225		PERM	Ablagerung von Geröll unterschiedlicher Herkunft und Auffüllung einer Bodensenke im Gebiet von Malmedy	Puddingstein	*Puddingstein* ist ein rötliches Konglomerat aus abgerollten Steinen, wie: Quarzit, Sandstein, Phyllit, Arkose und auch Kalkstein. Bindemittel ist entweder Ton oder Tonkalk.
250			Abflachung des herzynischen Gebirges		
		280	**Herzynische Faltung**		
300					

Alter (in Mio. Jahren)	Geologisches Zeitalter (ÄRA)	Geologische Epoche	Wichtige geologische Ereignisse	Gesteine im Untergrund des Hohen Venns und in der näheren Umgebung	Erklärungen für interessierte Amateur–Geologen
	PRIMÄR	KARBON	Erneute Überströmungen nur im Nordwesten, Ablagerung von Kalk	Kalkstein	*Kalkstein* ist fossilienreich und löst sich in Säuren auf. Reagiert brausend mit verdünnter Salzsäure (HCl), Verdünnung 1 zu 10.
		345			
350		DEVON	Abflachung des kaledonischen Gebirges, anschließend drei Überströmungen, Ablagerung von Sand, Ton und Kalk	Sandstein, Arkose, Quarzit, Schiefer, Phyllit, Kalkstein	*Sandstein* ist meist weiß oder gelblich. Sandstein unterscheidet sich von Quarzit dadurch, daß die Quarzkörner mit einem weicheren Bindemittel zusammengekittet sind. Brüche verlaufen um die Körner herum und nicht durch sie hindurch.
		395	**Kaledonische Faltung**		
400		SILUR	– –	– –	*Arkose* ist ein ockergelber bis rötlicher Sandstein. Es ist der gebräuchlichste Baustein dieser Region (Arkose aus Waimes).
		430			
450		ORDOVIZIUM	Absinken des Meeresbodens und Ablagerung von Sand und Ton	Phyllit, Quarzphyllit und Quarzit	*Quarzit* ist ein blaugraues grobkörniges Gestein (Körner mit bloßem Auge sichtbar). Es besteht ausschließlich aus Quarzkörnern, die mit Kieselsäure zusammengekittet sind. Da Bindemittel und Bindestoff etwa gleich hart sind, bricht diese Quarzmasse nur mühsam und dann quer durch die Körner hindurch.
500		500			
550		KAMBRIUM	Absinken des Meeresbodens und Ablagerung von Sand und Ton	Phyllit, Quarzphyllit und Quarzit	*Phyllit* ist ein dunkelgraues, sehr feinkörniges Schiefergestein (Körnung mit bloßem Auge nicht sichtbar), das sich leicht in Schichten spalten läßt. Es ist ein höher metamorphes Gestein als Schiefer und Tonschiefer. Diese brechen in dünne Lagen mit glatten Bruchflächen, wogegen Phyllit beim Brechen unebene Bruchflächen hat. Quarzphyllit ist ein Schiefergestein mit hohem Quarzanteil (bis 50 %).
570					
600	PRÄKAMBRIUM	PRÄKAMBRIUM	Abbröckeln der ersten Gebirge Erste Gebirgsbildungen (Orogenese)		

TRANSPORT UND ANHÄUFUNG VON SCHOTTER

Wir betrachten noch einmal kurz die älteste Tundren- oder Dryaszeit. In dieser Periode war der Boden bis in eine Tiefe von vielen Metern ständig gefroren (PERMAFROST). Während des Sommers taute nur die oberste Schicht auf. Durch den starken Frost, sowie beim Auftauen wurden Stücke vom Schiefergestein losgesprengt. Mit dem Schmelzwasser, das nicht in den Boden eindringen konnte, bildete der Ton eine zähflüssige Schicht. An den Hängen (2° bis 3° Neigung reichten aus) kam dieser halbflüssige Ton in Bewegung und glitt über den noch immer gefrorenen Untergrund.
Große Gesteinsstücke (vor allem Quarzit), die durch die starke Frostverwitterung (GELIVATION) an die Oberfläche gelangt waren, wurden mitgeführt. Sie wurden entweder sehr langsam fortbewegt (SOLIFLUKTION) oder aber sehr schnell (SCHOTTERSTROM). Im letzten Falle trieben die großen Felsbrocken oberhalb kleinerer und wurden in einigen Stunden über mehrere Kilometer fortbewegt. Die meisten Felsbrocken landeten am Fuße der Abhänge in den kleinen Flußtälern und häuften sich dort an. Einige Gesteinsbrocken gelangten nicht so weit und blieben einfach mitten im Moor stecken. Man hielt sie früher für Findlinge, die durch das Inlandeis aus Skandinavien bis hierher mitgeführt worden waren. - Jedoch muß diese alte Theorie verworfen werden: Zum ersten wegen der Gesteinsart, denn es handelt sich um Quarzit und nicht, wie bei Findlingen, um Granit, zum anderen wegen des nachgewiesenen Nichtvorhandenseins von Inlandeis und Gletschern bei uns.

vorherrschende Windrichtung

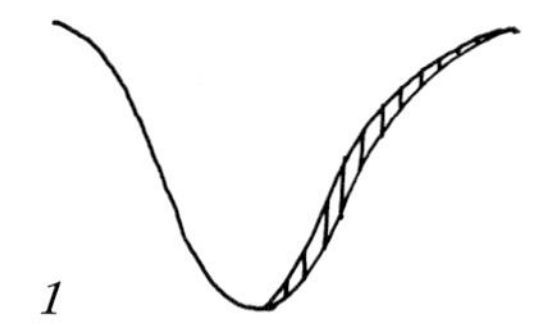

1

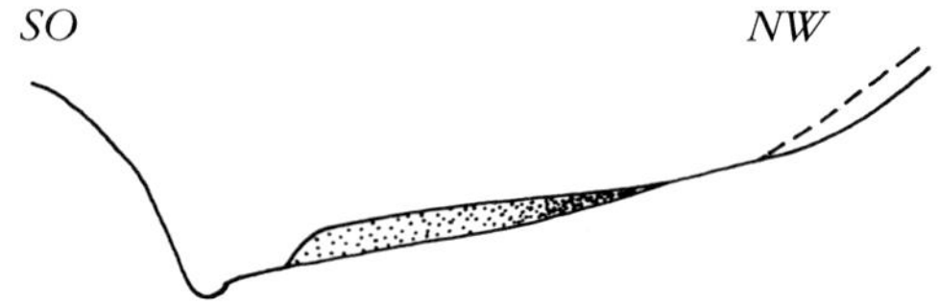

2

ENTSTEHUNG DER ASYMMETRISCHEN TÄLER

Die drei schon genannten Faktoren, Permafrost, Wind und Schmelzwasser, sind ebenfalls für das Entstehen asymmetrischer Täler verantwortlich. Ein gutes Beispiel für ein solches asymmetrisches Tal findet man in der Gegend von Mont-Rigi, am Poleurbach. Dieses Tal, das Tal von Beauloup bzw. Baileu, hat eine steile (ca. 40°) südöstliche Wand (nach Nordwesten orientiert) und eine schwach ansteigende (ca. 2°) nordwestliche Wand (südöstlich orientiert). Die nordwestlichen Flanken lagen im Schatten der vorherrschenden Winde, wodurch sich an dieser Seite Schnee anhäufen konnte (1). Im Frühjahr schmolz dieser Schnee, wodurch der nordwestliche Hang stärker abgeflacht wurde als die schneefreie, südöstliche Wand (2). Außerdem wurde die südöstliche Talseite durch das Schmelzwasser und die nach unten gleitenden Bodenmassen untergraben, wodurch sie noch steiler wurde (3).

3

ENTSTEHUNG VON FROSTHÜGELN IM BODEN

Eine andere Folge des gefrorenen Untergrundes ist übrigens für das Hohe Venn von großer landschaftlicher Bedeutung. Unter dem Einfluß des „ewigen Frostes" oder des zeitweisen

Entstehung der asymmetrischen Täler

Frostes konnten Eislinsen im Boden entstehen und den Boden um einige Meter anheben. Als sich schließlich das Klima erwärmte und der Boden endgültig auftaute, fiel solch ein Frosthügel in sich zusammen und hinterließ eine mit Wasser gefüllte Vertiefung in der Landschaft. Derartige Frosthügel kommen heutzutage noch in Nord-Kanada vor und werden dort von den Eskimos „Pingos“ genannt. Im finnischen und schwedischen Teil Lapplands gibt es ähnliche Erscheinungen, man nennt diese Hügel dort „Palsen“.

Worin unterscheiden sie sich nun?

Um einen besseren Einblick zu erhalten, müssen wir uns in die heutigen periglazialen Gebiete begeben, wo noch immer Pingos und Palsen entstehen. In den meisten nördlichen Gegenden mit einer mittleren Jahrestemperatur von - 6° C oder weniger ist der Boden bis in viele Meter Tiefe (45 bis 100 m) und über viele Jahre hindurch ständig gefroren: Das ist das Gebiet des kontinuierlichen Permafrostes (ewiger Frost), der Pingos und der Eskimos. In südlicheren Gebieten mit einer durchschnittlichen Jahrestemperatur von - 5°C bis + 1°C ist der Boden nicht ständig gefroren. Die oberste, sogenannte „aktive“ Schicht taut während des Sommers bis in eine Bodentiefe von 1 bis 3 m auf: Das ist das Gebiet des nicht-kontinuierlichen Permafrostes (zeitweiser Frost), der Palsen und der Lappen.
In beiden Gebieten wird das Bodeneis auf zwei völlig unterschiedliche Weisen gebildet:
- Bei den Pingos gefriert das Wasser unter Druck und läßt enorme Eislinsen entstehen (Injektionseis).
- Bei den Palsen entsteht durch das Gefrieren des Wassers in den Bodenkapillaren eine große Anzahl kleinerer Eislinsen (Segregationseis). Darüber hinaus besteht nicht allein ein großer Unterschied in der Art der Entstehung, auch die äußere Gestalt (Form, Höhe, ...) von Pingos und Palsen ist völlig verschieden.

Pingos sind im allgemeinen höher als 10 m, Palsen dagegen erreichen selten 10 m oder mehr. Der bekannteste Pingo, der Ibuyk-Pingo in der Flußniederung des McKenzie in Nord-Kanada, ist beinahe 50 m hoch und nimmt noch immer (ca. 1,5 cm jährlich) an Höhe zu. Pingos sind meistens kegelförmig mit einer runden Grundfläche. Beim Zusammenfallen eines solchen Hügels zur Zeit der Eis- und Schneeschmelze bleibt stets eine runde Vertiefung in der Landschaft zurück. Palsen zeigen wenig übereinstimmende Formen: Sie können rund und kegelförmig oder langgestreckt und bogenförmig sein. Außerdem bestehen auch herz- und hufeisenförmige Palsen. Auch ihre Höhe kann sehr unterschiedlich sein. Einige Palsen sind 0,5 bis 1 m hoch und kaum von der übrigen Landschaft zu unterscheiden, andere sind dann wieder 5 bis 10 m hoch und deutlich zu erkennen.
Was die Ardennen betrifft, so waren die Bedingungen während der letzten Kälteperiode des spät-eiszeitlichen Zeitraumes - in der sogenannten jüngsten Dryas- oder Tundrenzeit (9000 bis 8300 v. Chr.) - besonders günstig, um Segregationseisbildung in den Bodenkapillaren zu ermöglichen. Das Klima war sehr kalt (mittlere Jahrestemperatur von - 5°C bis + 1°C), und der Boden, der aus äußerst feinen Klei- und Lehmpartikeln bestand, war ausreichend feucht. Auf den Hochebenen wehte der Wind die schützende Schneeschicht weg, und der Boden kühlte an diesen Stellen langsam ab. Der Frost konnte in den Boden eindringen und ließ das Wasser, das sich in den Bodenkapillaren befand, gefrieren. Auf diese Art und Weise entstanden kleine Eislinsen, die den gesamten Boden hochhoben.
Etwa 2.500 Hektar der Plateau-Oberfläche des Hohen Venns sind mit Überresten von Frosthügeln (Palsen) übersät. Doch auch an anderen Stellen sind sie anzutreffen: im Moor von Malchamps, das zwischen Spa und Francorchamps liegt, und in den Mooren, die sich auf dem Plateau des Tailles erstrecken. Der größten Anzahl und den variationsreichsten Frosthügelformationen begegnet man allerdings in den nordöstlichen Mooren zwischen Eupen und Monschau. Sie sind entweder rund oder oval oder auch länglich und hufeisenförmig. Die länglichen Frosthügel entstanden auf einem Abhang und wurden in Richtung Tal langgezogen. Die Wände schließen nicht oder nur kaum an die Spitze des Abhanges an. Der Durchmesser beträgt zwischen 15 und 200 m und der Erdwall ist meistens 1 bis 2 m hoch und kann sogar 5 m Höhe erreichen. Die Vertiefungen selbst sind etwa 7 bis 8 m tief und meistens mit Torf gefüllt. Früher dachte man, diese Löcher seien von Vorzeitmenschen angelegt worden. Übrigens glaubte man, Reste von Pfahlbauten in einigen dieser Vertiefungen (Vivier Marquet, unweit vom Polleur-Venn) gefunden zu haben. Verschiedene Erklärungen zu diesem Phänomen wurden entwickelt. Man hielt diese Löcher für Viehtränken, Fisch- oder Ententeiche, Steinbrüche oder auch Vulkankrater. Erst 1956 verwarf man diese Hypothesen und kam zu dem Ergebnis, daß es sich tatsächlich um Frosthügelreste aus der letzten Eiszeit handeln müsse. Einen Namen sollten wir in diesem Zusammenhang auf jeden Fall erwähnen: den des belgischen Professors und Geologen Albert Pissart. Er sorgte für die Aufhellung dieses rätselhaften Phänomens.

Bildung von Pingos

A

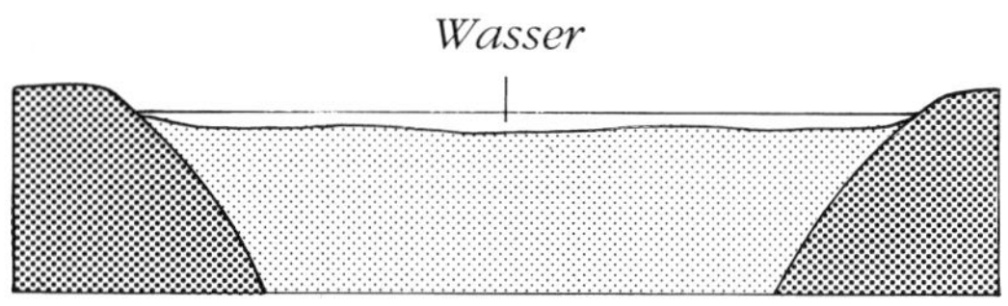

In Gebieten mit relativ starkem Permafrost (400 bis 600 m im McKenzie-Delta in Nord-Kanada) können tiefe Seen nicht gefrieren.

B

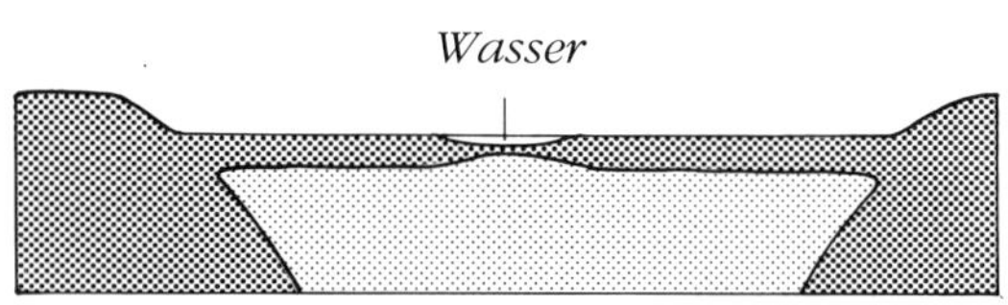

Wenn der Wasserstand plötzlich fällt, gefriert der See. Durch Volumenausdehnung übt das Eis auf die darunter befindlichen, noch nicht gefrorenen Sedimente Druck aus.

C

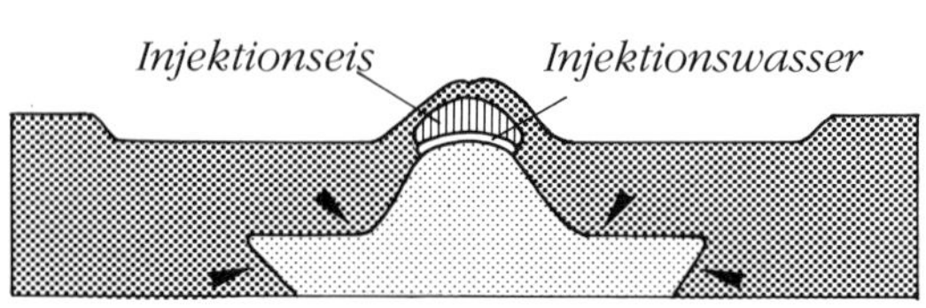

Das in den Sedimenten befindliche Wasser sucht einen Ausweg und wird nach oben gepreßt. Wenn in diesem Wasser gleichzeitig Gase vorhanden sind, bricht die Erdoberfläche auf und das Wasser spritzt viele Meter hoch. Meistens jedoch bleibt das Wasser einige Meter unter der Erdoberfläche und hebt die obersten Schichten hoch. Das nach oben gepreßte Wasser (INJEKTIONSWASSER) gefriert und bildet eine Eislinse (INJEKTIONSEIS).

nichtgefrorener feiner und mit Wasser vollgesogener Sand
Wasser
gefrorener feiner Sand
Eis

Bildung von Palsen

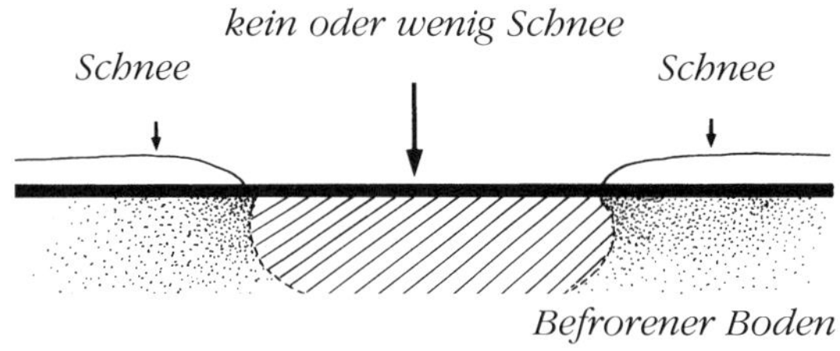

An Stellen, wo die schützende Schneeschicht weggeweht wurde, kann der Frost in den Boden eindringen.

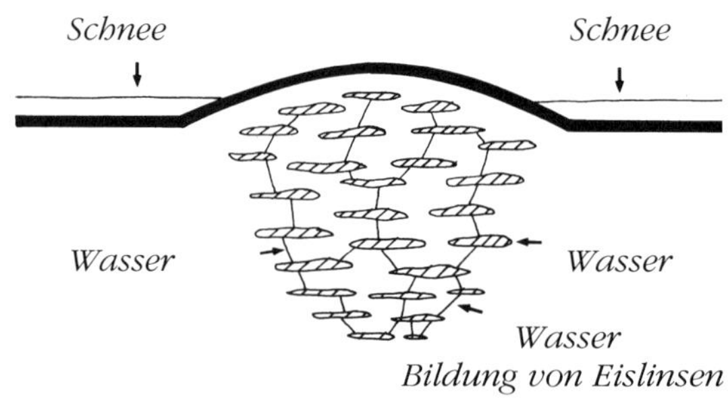

Im Boden befindet sich eine große Anzahl von Poren, die untereinander mit feinen Kanälen bzw. Kapillaren verbunden sind. Wenn die Wassermenge in den Kapillaren sich verringert, wegen Austrocknung oder Gefrieren, wird neues Wasser aus großer Tiefe angesogen (KRYOSUKTION). Solange die Wasserzufuhr die Abkühlung ausgleicht, dauert die Wasserströmung an und die Eislinsen wachsen (von einigen mm bis zu 15 cm).

Abgleiten des Bodens bzw. Solifluktion

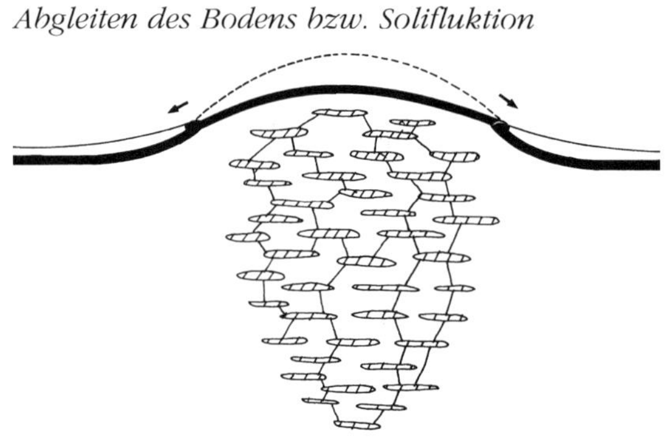

Nach einiger Zeit heben diese horizontalen Eislinsen den Boden an, und es entsteht ein Frosthügel. Diese kleinen, voneinander getrennten Eislinsen bezeichnet man als SEGREGATIONSEIS bzw. Absonderungseis. Segregationseis wird nur gebildet, wenn drei Bedingungen erfüllt sind:

1. *langsames Gefrieren*
2. *ausreichende Feuchtigkeit*
3. *Körner im Boden kleiner als 1/20 mm (Lehm)*

BEKASSINE

Dieser Sumpfvogel brütet noch immer in den Hochmooren entlang der sich lustig windenden Vennbäche.

Die Bedeutung der Blütenstaubuntersuchungen bei der Rekonstruierung der Landschaftsentwicklung

BLÜTENSTAUBUNTERSUCHUNG ODER PALYNOLOGIE

Während der Blütezeit der Samenpflanzen (Spermatophyten) fällt ein Niederschlag von Blütenstaub auf den Boden. Wenn die Pollenkörnchen in ein Moor fallen, werden sie darin vollständig konserviert. In einem Moor befindet sich nämlich kein Sauerstoff, was Oxydation größtenteils ausschließt. Auch der niedrige Säuregehalt bzw. pH-Wert, wodurch die mikrobiologische Aktivität nahezu gegen Null tendiert, bewirkt das dem Moor eigene, außerordentliche Konservierungsvermögen. Außerdem haben die Pollenkörner eine Außenwand (Exine), die besonders resistent gegen Oxydation ist. Auch physische Beeinflussungen (Erwärmung bis 300°C) und chemische Einflüsse (Behandlung mit starken Säuren oder Basen) haben wenig oder gar keinen Effekt auf diese äußere Wand. Sie besteht aus einem chemischen Stoff, dem Sporopollinin, dessen Struktur noch größtenteils unbekannt ist. Die Rohformel (C9 H115-158 O10-40) ist allerdings bekannt, und es ist einer der resistentesten Stoffe, der in der organischen Welt zu finden ist. Dank dieser Resistenz bleiben die Pollenkörner, zumindest deren Außenwand, jahrhundertelang im Moor erhalten. Jedes Jahr wird eine bestimmte Menge Pollen, die eine Widerspiegelung des augenblicklichen Pflanzenwuchses darstellt, von einer neuen Lage organischen Materials im lebenden Moor bedeckt und eingeschlossen. Alle Moorschichten bilden auf diese Weise eine Art historischen Kalender, der bei der Moorentstehung beginnt und mit der Beendigung der Moorbildung abschließt. Wenn man das Moor nun Schicht für Schicht untersucht, kann man aus den gefundenen Pollenkörnern ableiten, welche Pflanzenarten (Kräuter, Sträucher, Bäume usw.) in bestimmten Zeiten im und um das Moor herum wuchsen. Neben den Pollenkörnern von Samenpflanzen trifft man auch auf Sporen von Farnen, Schachtelhalmen, Bärlappen (Pteridophyten) und Moosen (Bryophyten), die eine identische Zusammensetzung (Sporopollinin) und gleichen Widerstand haben.

PROBEENTNAHME

Mit Hilfe eines speziellen Bodenbohrers (eine Art Hohlbohrer, der sich beim Heraufholen schließt) werden, z.B. alle 10 cm oder 20 cm, Proben aus dem gesamten Torfboden entnommen. Damit alle Torfschichten (sowohl die ältesten als auch die jüngsten) untersucht werden können, wird dies im Herzen des Hochmoores durchgeführt. Eine andere Methode besteht darin, sich zu einem alten Torfstich zu begeben. Der Vorteil dieser Methode ist, daß man das Hochmoor nicht zu betreten braucht. Die Torfwand wird gesäubert und mit einem Messer (Küchenmesser) entnimmt man alle 10 bis 20 cm ein Stückchen Torf. Man benutzt nach jedem Schnitt ein anderes Messer oder reinigt jedesmal sein Messer (Papiertuch, destilliertes Wasser), um die Kontamination der Proben untereinander zu verhindern. Jede Torfprobe wird separat in einem Beutel aufbewahrt und man notiert deutlich die Tiefe, aus der die Probe entstammt. Im Laboratorium werden diese Bodenproben auf ihren Pollengehalt hin untersucht.

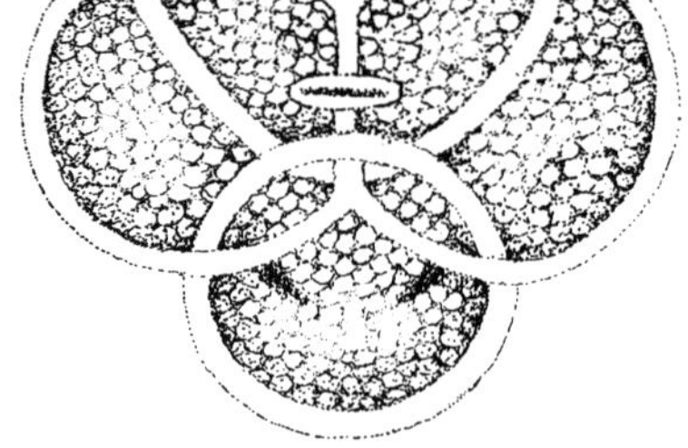

Heidekraut

PRÄPARIEREN VON POLLEN AUS DEN SEDIMENTEN

Jede Torfprobe muß dafür besonders vorbereitet werden. Die Bearbeitung dauert ziemlich lange, kann aber mit einfachen Mitteln durchgeführt werden. Benötigt werden: eine Zentrifuge mit Zentrifugierröhrchen, ein Kupfersieb mit Maschen von 250 oder 500 Mikrometern, einige Chemikalien, 2 Meßbecher von 500 ccm und Pipetten.

Vorgehensweise:

1. Man nimmt etwa 3 ccm Torf und mischt diesen mit 200 ccm einer 10%igen KOH-Lösung. Diese Aufschwemmung wird dann vorsichtig gekocht bis sich alles organische Material abgesetzt hat (ca. 10 min). Man kann kurz vor dem Aufkochen ein wenig Natriumperborat hinzufügen. Auf diese Weise wird alles organische Material, mit Ausnahme des Sporopollinins der Pollenkörner zerstört. Man läßt die Suspension abkühlen.
2. Man gießt alles durch ein Kupfersieb mit Maschen von 250 oder 500 Mikrometern, um die gröberen Teilchen zu entfernen.
3. Man füllt die Zentrifugierröhrchen bis zur Hälfte mit der durch das Sieb gegossenen Lösung und fügt 1 ccm Farbstoff (Safranin) hinzu; eine Minute schütteln und dann eine Minute ruhen lassen.

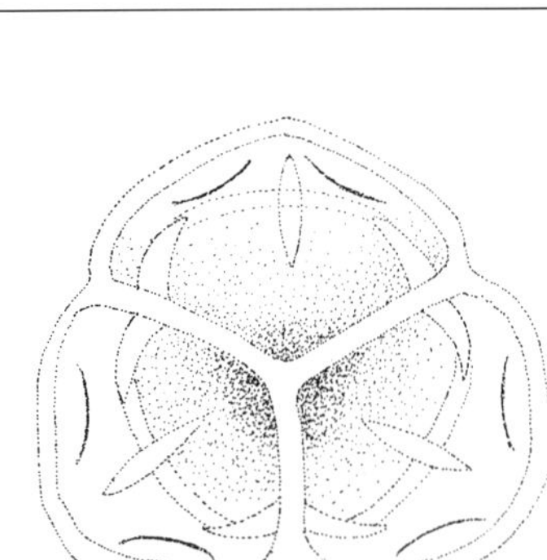

Krähenheide

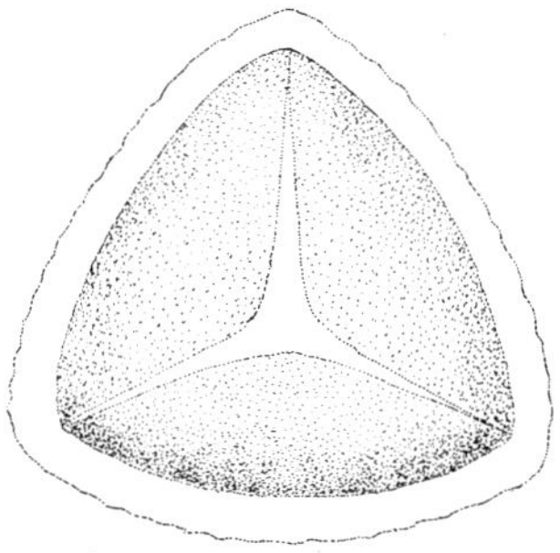
Torfmoos

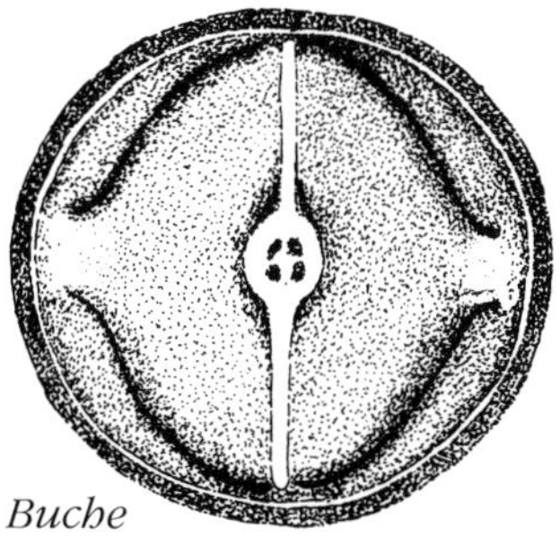
Buche

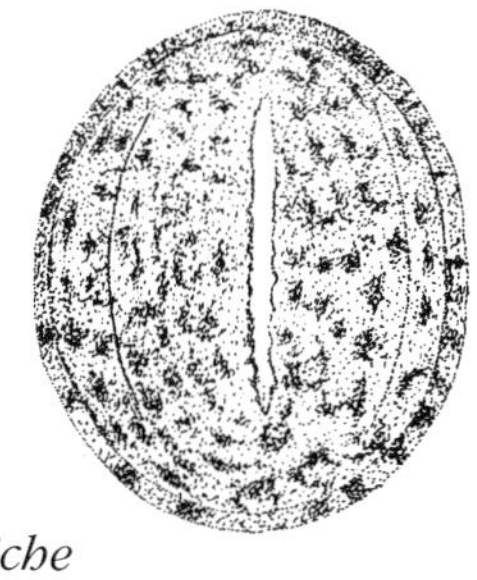
Eiche

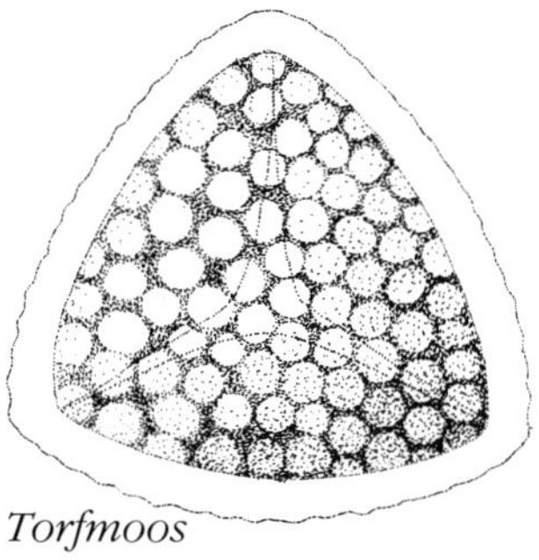
Torfmoos

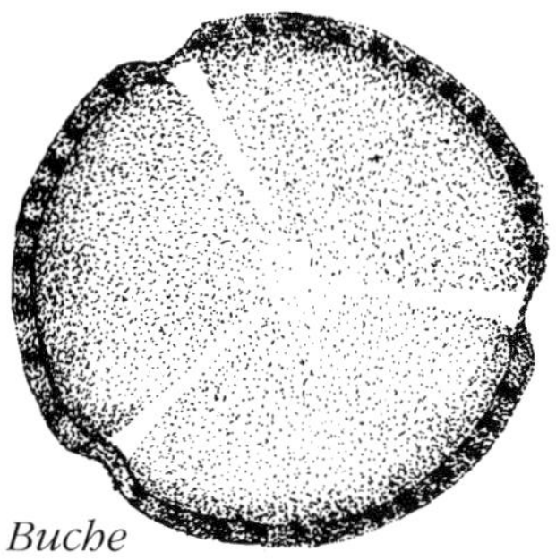
Buche

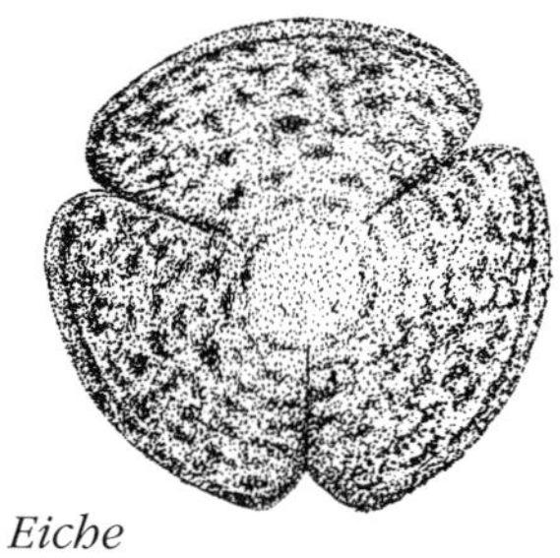
Eiche

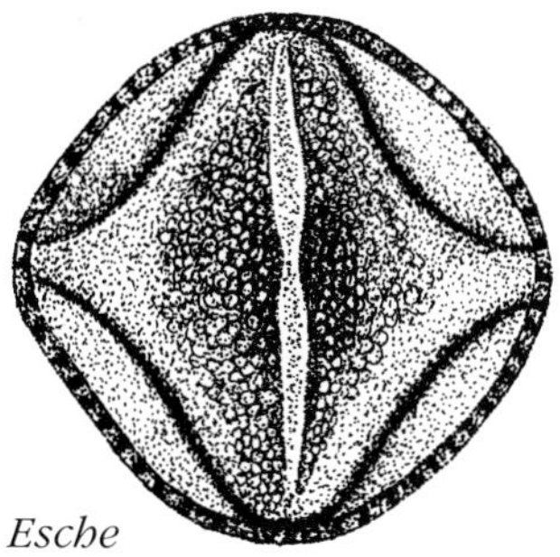
Esche

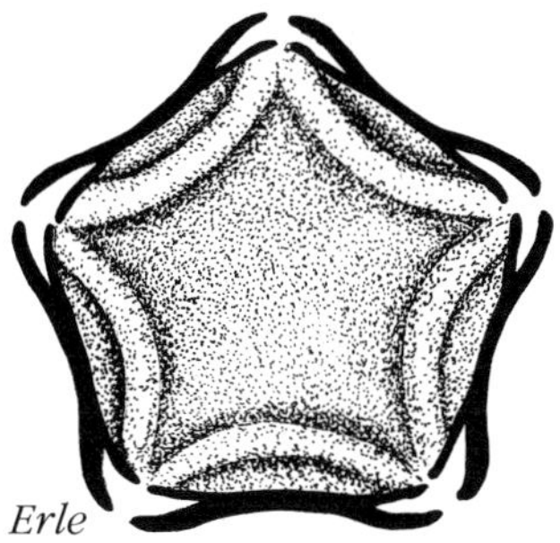
Erle

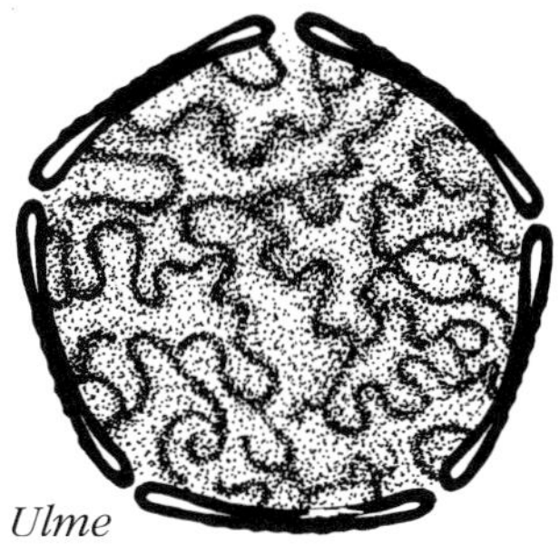
Ulme

4. Die Mischung bei 3000 Umdrehungen etwa 5 - 10 Min. zentrifugieren. Anschließend die über dem Sediment befindliche Flüssigkeit abgießen (dekantieren).
5. Wasser zufügen, schütteln, zentrifugieren und dekantieren; noch 1 bis 2 Mal wiederholen.
6. Einen Tropfen des abgesetzten Pollenpräparates entnehmen und auf ein Mikroskop-Trägerglas geben, einen halben Tropfen Glyzerin hinzufügen und mit dem Deckglas abdecken.
7. Das Präparat unter dem Mikroskop betrachten und die Pollenkörner mit einem Referenzpräparat und/oder Vergleichsfotomaterial bestimmen. In der Wissenschaftlichen Station des Hohen Venns steht ein Laboratorium für die Abschlußklassen der Sekundarschulen und für die Studenten der Universitäten zur Verfügung.

Erstellung eines Pollendiagramms

Der Blütenstaub, der in den verschiedenen Schichten vorhanden ist, wird quantitativ untersucht. Man zählt pro Torfprobe (oder pro Präparat) die Gesamtanzahl Pollen (T), d.h. sowohl die von Bäumen stammenden Pollen (BP), als auch die Pollen des Bodenbewuchses (NBP). Die Sporen der Torfmoose werden meistens wegen des in ein und derselben Moorschicht stark wechselnden Auftretens dieser Art außer acht gelassen. Dann zählt man die Anzahl der Pollenkörner jeder Art und drückt dies in auf die Gesamtheit der Pollen bezogenen Prozentsätzen aus. Die prozentualen Anteile von jeder Pollenart werden entsprechend der Entnahmetiefe der Torfproben in ein Diagramm eingetragen. Die im Diagramm erhaltenen Punkte werden durch Linien miteinander verbunden, so daß eine sogenannte „Pollenkurve" entsteht. Eine Sammlung derartiger Kurven nennt man ein „Pollendiagramm". Durch die Analyse eines solchen Pollendiagramms läßt sich die Vegetationsgeschichte aufdecken.

SONNENTAU

*Die glitzernden Tröpfchen auf dem Sonnentau locken durstige Insekten an.
Sie bleiben an der klebrigen Flüssigkeit haften und werden von den in ihr vorhandenen Enzymen verdaut.*

BEDROHTES LEBEN IN DEN MOORTÜMPELN

*Diese Tümpel mit Schmalblättrigem Wollgras und Sonnentau sind auf der Hochebene selten geworden.
Sie wachsen allmählich zu und werden von Pfeifengras überwuchert.
Dennoch sind diese Tümpel für zahlreiche seltene Pflanzen und Tierarten von Bedeutung.
Viele Amphibien, Libellen und Wasserjungfern benutzen diese Gewässer, um dort ihre Eier abzulegen
und ihre Jugendzeit als Larve zu verbringen.*

Interpretation eines Pollendiagramms

Um das Pollendiagramm korrekt in bezug auf die Zeit zu interpretieren, muß eine Zeitvariable eingeführt werden. Man muß natürlich über exakte Referenzdaten und -perioden verfügen, um die palynologischen Daten bestmöglich auszubeuten. Eine abgesicherte Datierung der verschiedenen Moorlagen kann ausschließlich mit Hilfe der radioaktiven Kohlenstoffmethode geschehen: Vom urspünglichen Isotop 14C, das durch die Pflanzen aus der Atmosphäre aufgenommen wird, zerfällt die Hälfte nach 5.700 Jahren in den nicht-radioaktiven Kohlenstoff 12C. Mit Hilfe dieser Determinierungsmethode hat man das Alter der fossilen Birkenstämme in der untersten Moorlage des Wallonischen Venns bestimmt: Sie sollen dort um rund 4770 v. Chr. aufgetaucht sein. Dies fällt ungefähr mit dem Übergang vom trockenen, borealen Zeitabschnitt zum nassen, atlantischen Zeitraum zusammen. Andere Kohlenstoff-14-Datierungen bestimmen die letzten Ulmen um rund 3000 v. Chr. (für einige Autoren ist dies der Übergang von der atlantischen zur subborealen Periode) und die Zunahme der Buchen auf Kosten der anderen Baumarten um rund 800 v. Chr. (dies fällt mit dem Übergang von der subborealen zur subatlantischen Periode zusammen).

Auch bestimmte historische Ereignisse und die damit zusammenhängenden Veränderungen im Pollenniederschlag können helfen, eine genauere Einsichtnahme in die Chronologie der Pollenablagerungen zu erhalten:
- Im Neolithikum (ab 5000 v. Chr.) entwickelt der Mensch sich vom Jäger und Fischer zum Viehhalter und Bauern: Zu diesem Zeitpunkt müssen also in ziemlich geringen Mengen die ersten Getreidepollen in den Torflagen auftreten.
- Sobald die Eisenzeit (ab 2500 v. Chr.) anbricht, ist der Einfluß des Menschen auf das Pflanzenwachstum nicht mehr wegzudenken. Von da an wird eine starke Zunahme von Pollen bestimmter Kulturpflanzen und Kulturfolger zu verzeichnen sein.
- Das Auftreten von Pollenkörnern des Nußbaumes hingegen hängt eng mit den Kelteneinfällen (500 v. Chr.) und dem Einzug der Alt-Belgier (100 v. Chr.) zusammen.

Schließlich muß man versuchen, unter Zuhilfenahme der Palynologie die früheren Vegetationen zu rekonstruieren.
Es ist nämlich so, daß Pollenkörner, die zusammen in derselben Torfschicht vorkommen, nicht notwendigerweise zum selben Pflanzenverband bzw. zur selben Pflanzenassoziation gehören. Außerdem sind nicht nur Pollen von Pflanzen vorhanden, die in der Gegend vorkamen (autochtone Pollen), sondern auch Pollen, die aus anderen Gebieten angeführt wurden (allochtone Pollen). Durch den Vergleich der Pollenassoziationen (d.h. die verschiedenen Pollenkörner aus derselben Torfschicht) mit bestehenden Vegetationen beispielsweise, kann man herausfinden, mit welchem Typ von Vegetation man es zu tun hat. Auf diese Art und Weise kann man das Aussehen der Landschaft eines bestimmten Gebietes während einer bestimmten Periode rekonstruieren. Im folgenden Abschnitt soll versucht werden, die Vegetationsgeschichte des Hohen Venns anhand des Pollendiagramms des Wallonischen Venns zu skizzieren (nach F. Damblon, 1969).

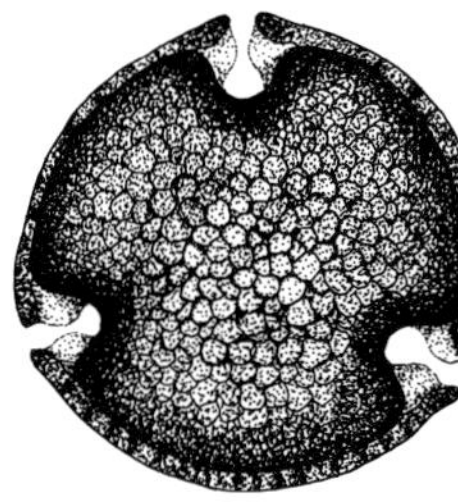

Linde

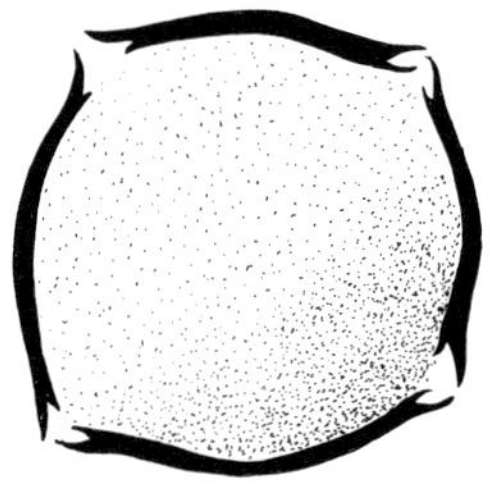

Hainbuche

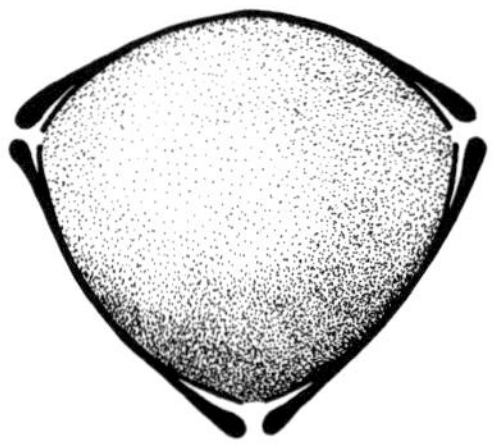

Birke

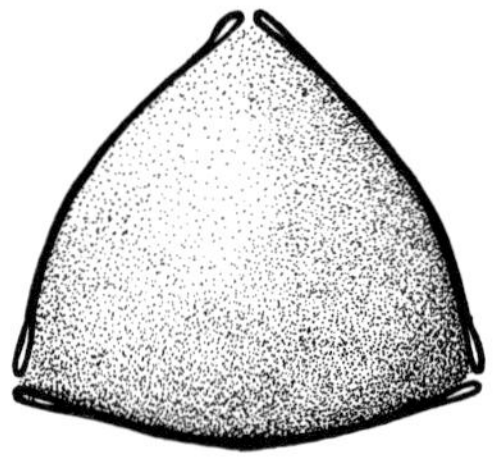

Hasel

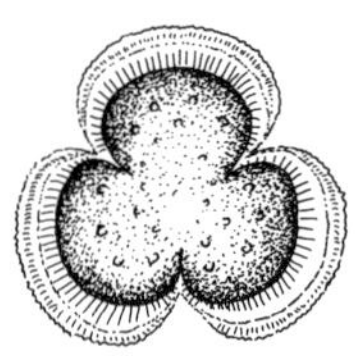

Beifuß

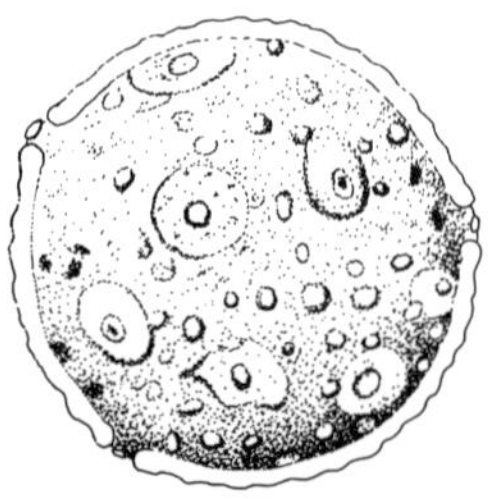

Wegerich

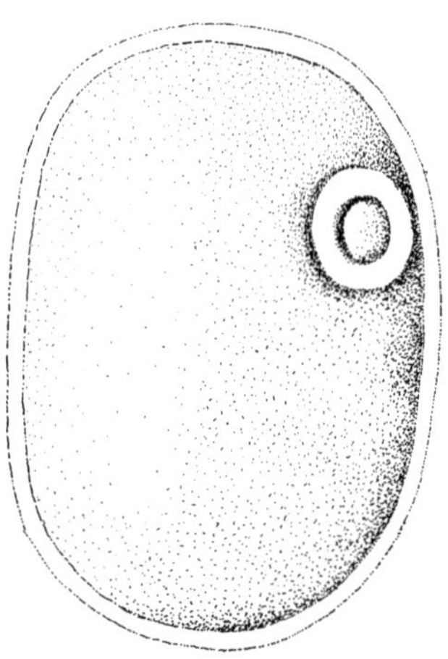

Roggen

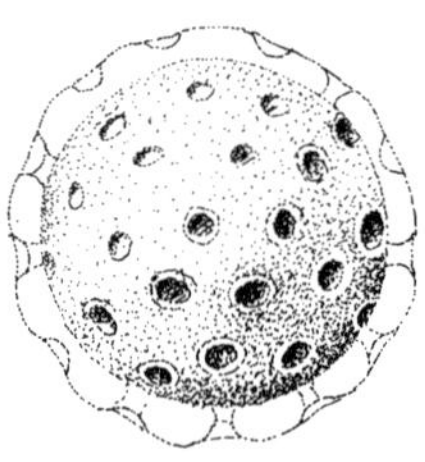

Weißer Gänsefuß

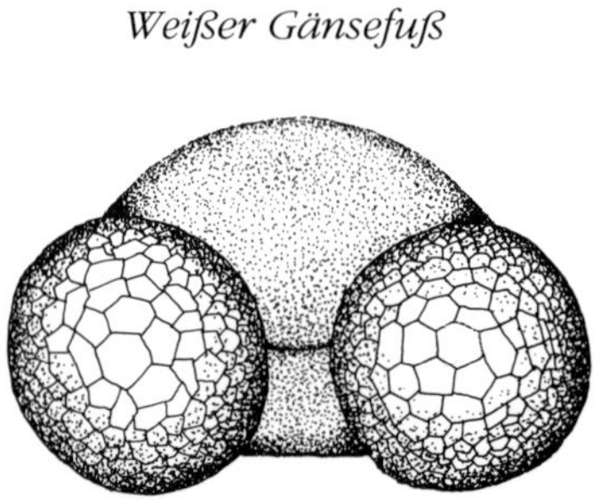

Fichte

Pollendiagramm des Wallonischen Venns

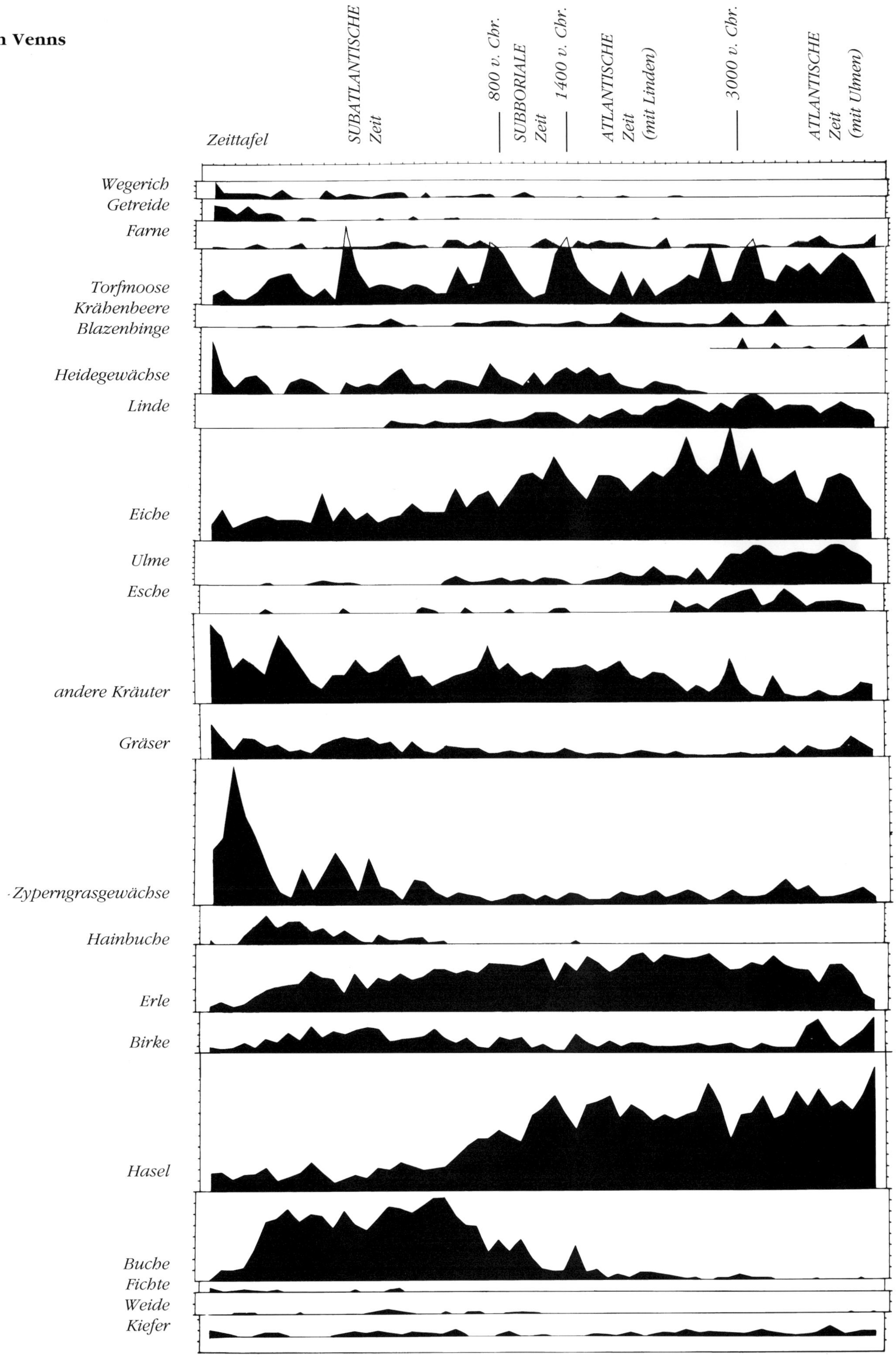

FORTSCHREITENDE VERLANDUNG EINES MOORTÜMPELS

Das Torfmoos neigt dazu, andere Pflanzenarten zu vertreiben.
Unter günstigen Umständen breitet es sich langsam aus und erstickt den bestehenden Bewuchs;
alle Kräuter, Sträucher und auch Bäume gehen mit der Zeit zugrunde.
Auf diese Weise entsteht ein Hochmoor.

BLAUGRÜNE MOSAIKJUNGFER

Diesen Luftakrobaten trifft man oft mitten im Wald an, weit entfernt von jedem Tümpel. Nur für Paarung und Eiablage hält diese Mosaikjungfer sich in der Umgebung von offenem Wasser auf.

Entwicklung der Landschaft bis heute

SEIT DER LETZTEN EISZEIT

Scheuchzeria

Rund 8.000 v. Chr. waren die Eiszeiten endgültig vorbei, und es begann der heutige geologische Zeitabschnitt: das Holozän oder die nach-eiszeitliche Periode. In ganz Westeuropa erwärmte sich das Klima, und ausgehend von den südlicheren Gegenden verbreitete sich allmählich wieder Wald. Es war ein ausgedehnter, lichter Wald, der hauptsächlich aus Kiefern und Birken bestand. In dieser sogenannten „Taiga" lebten typische Waldtiere wie Elche, Edelhirsche, Wisente und auch Braunbären. 1888 wurde in 2,20 m Tiefe im Moor ein Elchgeweih entdeckt.Wir befinden uns im PRÄBOREALEN Zeitabschnitt (von 8.300 bis 6.700 v. Chr.). Auch auf dem Hochplateau der Ardennen wurde das Klima langsam wieder wärmer und im Pflanzenwuchs traten grundlegende Veränderungen auf. Die Palsen, oder besser gesagt das, was davon übrigblieb, füllten sich mit Wasser und wurden durch allerlei Wasserpflanzen (Gelbe Wasserrose, Laichkraut, Tausendblatt usw.) besiedelt. An den Rändern zeigten sich typische Uferpflanzen, vor allem Binsen und Seggen und auf den trockenen Wällen drumherum wuchsen Farne, Bärlappe und einige Heidebüschel. Auf den undurchlässigen und feuchten Ton-Lehm-Böden entwickelte sich eine Art Birken-Sumpfwald. Eine dicke Schicht fossiler Birkenstämme über der wasserdichten Schicht der heutigen Hochmoore liefert uns dafür den Beweis. Auf den besser durchlässigen und weniger feuchten Lehmböden gedieh die Taiga. Das Vorhandensein vieler Blütenstaubkörner von Birke und Tanne in der untersten Torfschicht zeugt davon.

Im BOREALEN Zeitabschnitt (6.700 - 5.500 v. Chr.) hielt die Hasel ihren Einzug. Dieser schattentolerante Strauch breitete sich schnell aus und bildete bald einen wichtigen Unterwuchs im Birken-Kiefernwald. Die Kiefer gedieh freilich weniger gut und mußte allmählich den blattabwerfenden Laubbäumen das Feld räumen. In den Palsen gingen die Nährstoffe zur Neige. Die Wasserpflanzen starben ab, und ihren Platz nahmen die Torfmoose ein. Erst erschienen treibende Torfmoosarten, denen die Torfmoose der noch relativ nährstoffreichen, aber weniger feuchten Milieus folgten. Später traten auch andere, weniger anspruchsvolle Torfmoose auf. Es handelte sich um stark wachsende Torfmoose, die in äußerst nährstoffarmen Umständen leben können. Sie füllten die ehemaligen Palsen mit einem dicken Torfmoosteppich: Es begann in den Palsen während des borealen Zeitabschnitts die Bildung der Hochmoore.

Während der darauffolgenden Periode, dem ATLANTIKUM (von 5.500 bis 1.400 v. Chr.)[1] wurde es bedeutend wärmer - ca. 3° bis 4° wärmer als heute - und die Niederschläge nahmen zu. Auf den trockenen Böden der Hochebenen erschien die Eiche in Gesellschaft mit der Ulme (auch Rüster genannt). Zusammen mit dem Haselstrauch sollten diese Bäume Teil des gemischten Eichenwaldes ausmachen, in dem auch die Linde und die Esche sich ihren Platz erobern konnten. In den von der Birke dominierten Sumpfwäldern tauchte die Schwarzerle auf. In allen diesen Laubwäldern hausten, bis auf einige Ausnahmen (Wolf und Luchs), die Tiere der heutigen Fauna. Die großen Weidetiere (Elch und Wisent) und die Bären waren nordwärts gezogen, der Taiga folgend.

Die Erhöhung der Niederschlagsmenge während der ersten Hälfte des Atlantikums bewirkte, daß in den nassen, muldenförmigen Niederungen der Hochebenen ein dichter Torfmoosteppich entstand. Auch ein anderes Moorpflänzchen, die Blumenbinse, mit lateinischem Namen „Scheuchzeria palustris" - benannt nach dem Schweizer Botaniker Johann Scheuchzer (18. Jh.) - hat während des Atlantikums in ziemlich starkem Maße zur Moorbildung beigetragen. Es ist ein eher unauffälliges Pflänzchen, mit kleinen, gelbgrünen Blüten, das in Übergangszuständen zwischen nährstoffreichen Niedermooren und nährstoffarmen Hochmooren kennzeichnend ist. Sobald die mineralischen Nährstoffe aufgebraucht sind, verschwindet die Scheuchzeria wieder. Der daraus entstandene Torf ist meistens am gehäuften Vorhandensein von gelbbraunen Stengelresten oder „Stroh" zu erkennen und war bei den früheren Torfstechern sehr bekannt. Die Scheuchzeria kommt in ganz Belgien nun nicht mehr vor und ist auch in unseren Nachbarländern sehr selten geworden. Sie wächst aber noch in weiter nördlich gelegenen Gebieten und ist somit eine typisch boreal-alpine Pflanze.

Der ursprüngliche Birkenbruchwald wurde durch das sich entwickelnde Hochmoor völlig trockengesogen. Glücklicherweise konservierte das saure Moor die Birkenstämme und -stümpfe hervorragend und half so, dieses Stück Entstehungsgeschichte zu erhellen.

In der zweiten Hälfte der atlantischen Periode (3.000 bis 1.400 v. Chr.) wurde es etwas kühler

(1)
Die meisten Autoren lassen das Atlantikum 3.000 v. Chr. enden. Die belgischen Autoren (Streel, Schumacker, Damblon u.a.) lassen es 1.400 v. Chr. zu Ende gehen. Diese Periode, der Zeitabschnitt des Haselnußstrauches, wird jedoch in zwei Zwischenperioden unterteilt: die Zwischenperiode mit Ulmen (von 5.500 bis 3.000 v. Chr.) und die Zwischenperiode mit Linden (von 3.000 bis 1.400 v. Chr.). Die folgende Periode, d.h. die subboreale Periode (von 1.400 - 800 v. Chr.), bildet die Übergangszeit zwischen der Periode mit der Hasel (atlantische Periode) und der mit der Buche (subatlantische Periode).

und trockener, und die Buche siedelte sich im gemischten Eichenwald an. Die Erle büßte an Bedeutung ein und die Linde trat in den Vordergrund. Der Haselstrauch blieb der vorherrschende Busch im Unterholz dieser Wälder. Im Hochmoor entstanden die typischen Bulte (aus Torfmoosen entstandene kleine Hügel) und Schlenken (kleine Senken, in denen das Wasser stehenbleibt). In den nassen Schlenken wuchsen vor allem feuchtigkeitsliebende Torfmoosarten und das Schmalblättrige Wollgras, hier und dort durch ein fleischfressendes Sonnentaupflänzchen oder durch das Weiße Schnabelried ergänzt. Die trockenen Bulten wurden hauptsächlich durch kräftige Torfmoosarten und Heidegewächse, wie die Kleine Moosbeere, die Rosmarinheide, die Glockenheide und das Gewöhnliche Heidekraut besiedelt und an den trockensten Bulten auch durch die Krähenbeere. Auch Scheidiges Wollgras siedelte sich mit einigen robusten Pollen auf diesen Torfmoosbulten an.

Ab ca. 2.500 v. Chr. wurden die ersten Kulturpflanzen (Getreide, wie z.B. Roggen) und die Kulturbegleiter (Spitzwegerich, Weißer Gänsefuß, Beifuß usw.) in den Pollendiagrammen wahrnehmbar. Sie bezeugen die Anwesenheit des prähistorischen Menschen (Jungsteinzeit bzw. Neolithikum) auf dem Plateau des Hohen Venns.

Das Klima wurde noch kühler, und die Niederschläge nahmen weiter ab, wir befinden uns in der SUBBOREALEN Periode (von 1.400 bis 800 v. Chr.). Zögernd versuchte die Buche, sich einen Standplatz im gemischten Laubwald zu erobern. Das Hochmoor trocknete immer mehr aus und wurde von Heidegewächsen überwuchert. An den trockensten Stellen, vor allem an deren Rändern, siedelten sich auch Birken an. Glücklicherweise blieb das Torfmoos weiterhin aktiv und sorgte dafür, daß das Hochmoor sich auch während dieser kühleren Periode langsam weiterentwickeln konnte.

Das SUBATLANTIKUM, unser jetziger Zeitabschnitt (von 800 v. Chr. bis heute), brach an. Diese Periode fiel zusammen mit einer Zunahme der Niederschläge und einer Milderung des Klimas. Das ausschließlich durch Regenwasser genährte Hochmoor nahm seine Aktivität wieder auf und wölbte sich uhrglasförmig hoch. Auf den höhergelegenen Gebieten mit einer guten Wasserabfuhr konnte die Buche endlich standhalten: Der gemischte Eichenwald machte dem Buchenwald Platz. Dieser Wald bestand vor allem aus Buche, Eiche und Birke, in Gesellschaft von Erle und Hasel. Die beiden letzteren Arten waren jedoch stark zurückgegangen und die Linde und die Ulme waren größtenteils verschwunden. Auf den schlecht entwässerten Böden in den Niederungen gedieh die Buche nicht. Dort waren es Eiche und Birke, die den Ton angaben. Ein Neuling in diesen laubabwerfenden Wäldern war die Hainbuche. Sie erscheint in den Blütenstaubdiagrammen der subatlantischen Torfschichten um etwa 400 v. Chr. und blieb bis etwa 1.600 n. Chr., danach verschwand sie wieder. Heute kommt diese Art nur noch am Rande der Plateaus der Hochmoore und unterhalb der 500-Meter-Grenze vor.

SEIT DEN KELTEN UND RÖMERN

Vom Beginn der subatlantischen Periode (800 v. Chr.) an beobachten wir eine deutliche Zunahme der typischen Kulturfolger, wie z.B. des Spitzwegerichs. Gleichzeitig stellen wir eine leichte Abnahme des Blütenstaubs von Bäumen fest. Hieraus können wir schließen, daß bereits Menschen (Kelten, Römer und Franken) in dieser landschaftlichen Region anwesend waren und hier Bäume fällten oder Vieh weiden ließen. Dennoch datieren die ersten Niederlassungen (oder Dörfer) auf den Hochebenen erst aus späteren Zeiten. Das Wald- und Moorgebiet der Hochebene des Hohen Venns diente während der römischen und fränkischen Zeitspanne hauptsächlich als Jagdgebiet: Bei den Römern war es Eigentum des Staates („Fiscus imperiale"), bei den Franken gehörte es zum königlichen Wald („Foresta"). Der erste Heerweg, die „Via Mansuerisca", die Trier mit Maastricht verband und quer durch das Venn verlief, datiert sicherlich aus dieser Zeit. Die Zunahme der Kulturfolger kann auch mit dem zunehmenden Verkehr in Zusammenhang gebracht werden. Anfänglich wurde diese Heerwegkonstruktion den Römern zugeschrieben, jedoch haben neuere (palynologische!) Untersuchungen bewiesen, daß dieser Weg um etwa 745 n. Chr. von den Franken angelegt wurde.

SEIT DEM MITTELALTER

In der Zeit des Mittelalters sehen wir, daß der Einfluß des Menschen zunimmt. Um 1200 n. Chr. stieg in den Torfschichten der Anteil der Blütenstaubkörnchen von Getreide an. Das bedeutet, daß der Mensch von diesem Zeitpunkt an bestimmte Getreidepflanzen wie Roggen oder Buchweizen anbaute und dafür Wald roden mußte. Der starke Rückgang der Menge

ROSMARINHEIDE

Dieser Zwergstrauch mit seinen kleinen glänzenden Blättern gedeiht am besten zwischen Torfmoosen. Die für den Menschen giftigen Blätter werden ab und zu vom Birkhuhn gefressen.

MOOSBEERE

Diese kleine Pflanze fällt erst auf, wenn sie Blüten trägt.

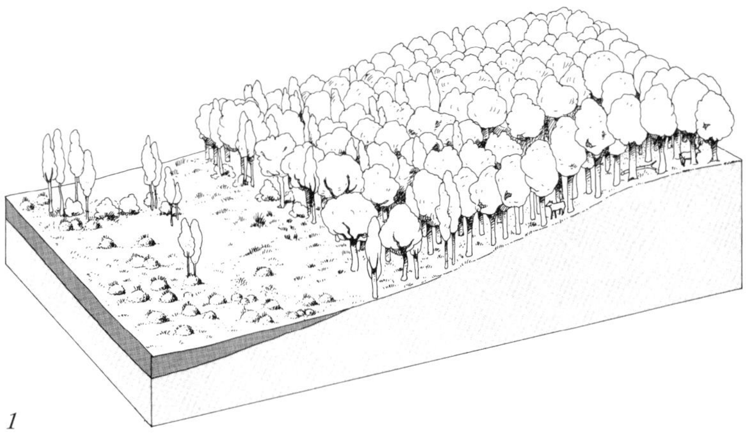

1

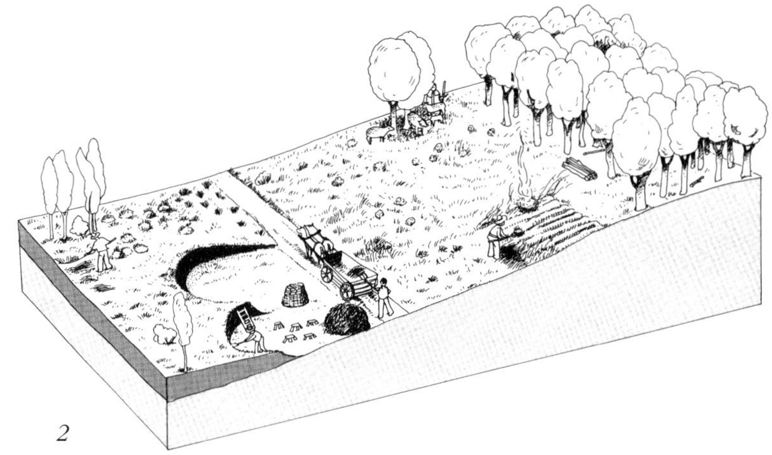

2

Der Einfluß des Menschen auf die Landschaft des Hohen Venns

Buchen- und Eichenblütenstaubs in den Pollendiagrammen kann hierdurch erklärt werden.

Für den drastischen Rückgang dieser beiden Baumarten ab dem 15. Jahrhundert muß jedoch eine andere Erklärung gefunden werden. Die Buche wurde nicht allein wegen des Anlegens von Äckern gefällt, sondern sie war auch sehr begehrt für das Herstellen von Holzkohle für die Eisenindustrie. Diese Industrie hatte ihre Glanzzeit zwischen dem 16. und 18. Jahrhundert in den Tälern von Weser, Amel und Hoëgne. Auch Stolberg in Deutschland war ein Abnehmer dieses Brandstoffes. Nach 1656 wurden die Buchenwälder von Küchelscheid und der nahegelegene Rurbusch beinahe vollständig gefällt und zu Holzkohle verarbeitet. Dies dauerte bis 1734 an, als der Hof von Luxemburg einen Befehl erließ, der das massive Fällen der Buchenwälder zum Zwecke der Holzkohlegewinnung verbot. Den Eichen war ein anderes trauriges Los bestimmt, sie hatten schwer unter der Lederindustrie zu leiden. Die Ledergerbereien von Verviers, Eupen, Malmedy und Stavelot nutzten die Eichenrinde (reich an Gerbstoffen) zum Gerben von Tierfellen. Hierzu wurde den Eichenstämmen bis in Reichhöhe die Rinde entfernt. Noch 1890 erfuhren die Eichen des mitten im Venn gelegenen Geitzbusches dasselbe Schicksal.

Doch war es vor allem die alte Ackerbaumethode, die die frühere Wald- und Moorlandschaft stark angegriffen und gründlich verändert hat. Zwischen 800 und 1200 n. Chr. begann der Mensch, sich am Rande der Hochebenen des Moores niederzulassen (Ovifat, Robertville, Jalhay, Solwaster) und versuchte, sich eine Lebensgrundlage aufzubauen. Er nutzte den Wald für das Hacken von Bau- und Brennholz. Er ließ sein Vieh (vor allem Schafe wegen der Woll- und Fleischgewinnung) weiden und sammelte Zweige und Blätter als Streu für die Ställe. Diese Streu wurde mit Mist vermengt und wiederum als Dünger auf den Äckern verwendet. Der Wald wurde gefällt und abgebrannt („essartage" = Moorbrandkultur) und die so entstandenen Böden („sarts") kultiviert. Wegen ihrer Genügsamkeit in Bezug auf Mineralien wurden bevorzugt Roggen und Buchweizen angebaut.

Sobald der Boden ausgelaugt war, wurde ein neues Stück Wald urbar gemacht, und man ließ die alten Äcker (mindestens 25 Jahre lang) ruhen. Auf diesen entwickelte sich ein Neubewuchs, in welchem die Heidegewächse den Hauptanteil stellten. So wurden aus den ehemaligen Wäldern allmählich ausgedehnte Heideflächen. Auf den gut entwässerten, jedoch stark ausgelaugten Lehmböden entstanden trockene Heidefelder mit Heidelbeere, Rauschbeere und Gewöhnlichem Heidekraut; auf den nassen Ton-Lehm-Böden, die mit einer relativ dünnen Torfschicht (weniger als 50 cm) bedeckt waren, bildeten sich moorige Heidefelder mit Glockenheide, Rasensimse und Pfeifengras. Der Vennbauer mähte diese Heideflächen regelmäßig ab und verfütterte das Heu im Winter an sein Vieh. Auch nutzte er diese Heidegebiete für die sogenannte Torfbrandkultur („ecobuage"), die Kultivierung des Torfmoores durch Brand. Dafür wurden zuerst die nassen Böden durch Anlegen von Gräben mit Zwischenabständen von 3 bis 6 m oberflächlich entwässert. Anschließend wurde die Torfschicht abgestochen, auf die Seite „gekantelt" zum Trocken ausgelegt und im Frühjahr verbrannt. Danach säte er Roggen und Buchweizen in die mineralhaltige Asche. Alle fünf Jahre rodete er ein neues Stück Moorboden. Das vordem gerodete Stück ließ er wiederum ruhen. In der heutigen Landschaft des Hohen Venns erkennt man noch immer das Grabenschema der Torfbrandkultur.

Diese Heide-Ackerbaumethode wurde jahrhundertelang angewendet und hatte ihren Höhe-

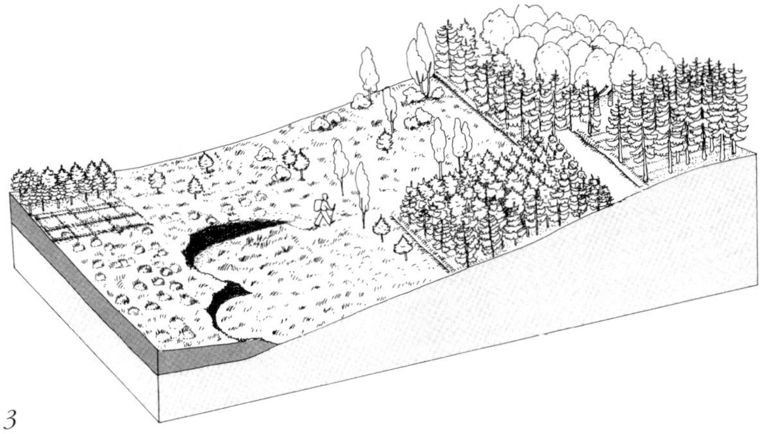

3

Fig.1
Die Pflanzendecke, wie sie vor der Anwendung bestimmter extensiver Landwirtschaftsmethoden ausgesehen haben muß: Birkenwälder auf gut entwässerten Lehmböden, Eichen-Birkenwälder auf weniger gut entwässerten Böden, Niedermoore oder gewölbte Hochmoore in den flachen Niederungen mit undurchlässigen Ton-Lehmböden.

Fig.2
Aussehen der Pflanzendecke Ende des 18. und Beginn des 19. Jahrhunderts: trockene Heidefelder mit vor allem Blaubeere und Heidekraut auf den besser durchlässigen Böden, sumpfige und moorige Heidefelder mit Glockenheide, Rasensimse und Pfeifengras auf den nassen Böden. Sie wurden von Schafherden beweidet und abgegrast und zwecks Moorbrandkultur gemäht oder abgebrannt. Im Hochmoor wurde Torf gestochen oder Torfmoos zusammengeharkt.

Fig.3
Heutiges Aussehen der Pflanzendecke: Das Gebiet wurde zum größten Teil entwässert und mit Fichten bepflanzt, die früheren Landbaumethoden werden nicht mehr angewendet. Die verbliebenen moorigen Heidefelder und auch das Hochmoor haben einen stark gestörten Wasserhaushalt und trocknen aus. Das Pfeifengras wuchert, Bewaldung findet wieder statt.

punkt am Ende des 18. Jahrhunderts. Die Auswirkungen auf die Landschaft, die so größtenteils zu einer halbnatürlichen Heidefläche umgewandelt wurde, können anhand der ersten topographischen Karten des 18. Jahrhunderts illustriert werden. Die Bewohner der umliegenden Venndörfer nutzten nicht allein den Wald und die Heide, sie machten auch Gebrauch von den Hochmooren. Das Torfmoos wurde zusammengeharkt („stiernage"), getrocknet und als Streu in die Ställe gebracht. Außerdem beheizte der Vennbauer sein bescheidenes Bauernhäuschen mit Torf. Dieser Torf wurde in dem mehr als 6.000 Jahre alten Hochmoor gewonnen. Im Mai zogen die Torfstecher („troûfleurs") zu ihrem Torfstich („troûblire") und säuberten die vertikale Wand. Zuerst entfernten sie die oberste Schicht aus Gras und Pflanzenwurzeln, bis der schwarze Torf wieder sichtbar wurde. Die überflüssigen Materialien warfen die Torfstecher hinter sich auf einen kleinen Damm. Anschließend stellte der Torfstecher sich zwischen der Torfwand und dem Damm in eine Art Graben. Um zu vermeiden, daß er mit dem einsickernden Wasser in Kontakt kam, warf er auch einen Teil der abgegrabenen Grassoden in den Graben. Mit dem Torfspaten („lè chupe dè troufe") machte er erst einen tiefen Schnitt (ca. 30 cm) über die gesamte Länge der Torfwand (A-B); danach stach er dreimal nacheinander horizontal (1,2, 3) und anschließend einmal vertikal (C-D) mit dem Spaten in den Torf. Der letzte, horizontale Stich (4) erlaubte es ihm, eine Reihe von vier Torfstücken („dès troufes") abzustechen. Diese mit Wasser durchtränkten Torfstücke wurden auf die Seite gelegt und man ließ sie trocknen. Sobald sie durch den Flüssigkeitsverlust etwas fester geworden waren, wurden sie zu viert oder fünft aufgestapelt („dès amonturons"). Anschließend wurden die Torfstücke in Form von kegelförmigen Türmen („dès monts") gestapelt, damit sie weiter austrockneten. Bei häufigem Nebel und Regen konnte dieser Trockenvorgang den ganzen Sommer lang dauern, bei gutem Wetter mit viel Sonne und Wind waren die Torfbriketts schon innerhalb eines Monats durchgetrocknet. Dann wurden sie mit Pferdefuhrwerken nach Haus gebracht und während der oft kalten und lang andauernden Winterzeit als Brennstoff verbraucht.
Mindestens 200 ha Hochmoorfläche wurden in einer Zeitspanne von etwa 400 bis 500 Jahren abgestochen und in den Öfen der umliegenden Vennhöfe verbrannt.
Erst im 16. Jahrhundert soll man mit der Gewinnung von Torf begonnen haben. Nach dem Errichten des Naturschutzgebietes (1957) behielten die Bewohner der umliegenden kleinen Dörfer ihre Genehmigung zur Torfgewinnung. Die letzten Torfbriketts wurden in den sechziger Jahren aus dem Wallonischen Venn geholt.

Die Folgen des Torfstechens waren unumkehrbar und der Wiederaufbau der Torfschicht war ausgeschlossen. Das natürliche Abflußsystem des nicht abgegrabenen Hochmoores kam gleichfalls in Bedrängnis, wodurch es anfing, auszutrocknen und (vor allem in den Randzonen) von Heidegewächsen und Birken bewachsen zu werden. Auf den abgegrabenen Torfböden entstanden moorige Heideflächen mit Glockenheide, Rasensimse, Wollgras ... und vor allem Pfeifengras. Die nassesten Stellen wurden durch Niedermoore mit dem ihnen typischen Pflanzenwuchs bedeckt: Seggen und Binsen, aber auch blaßblaue Sumpf-Veilchen, das dunkelrote Blutauge und der prächtige weißblühende Sumpf-Fieberklee.

ÜBERSICHTSKARTE DES HOHEN VENNS

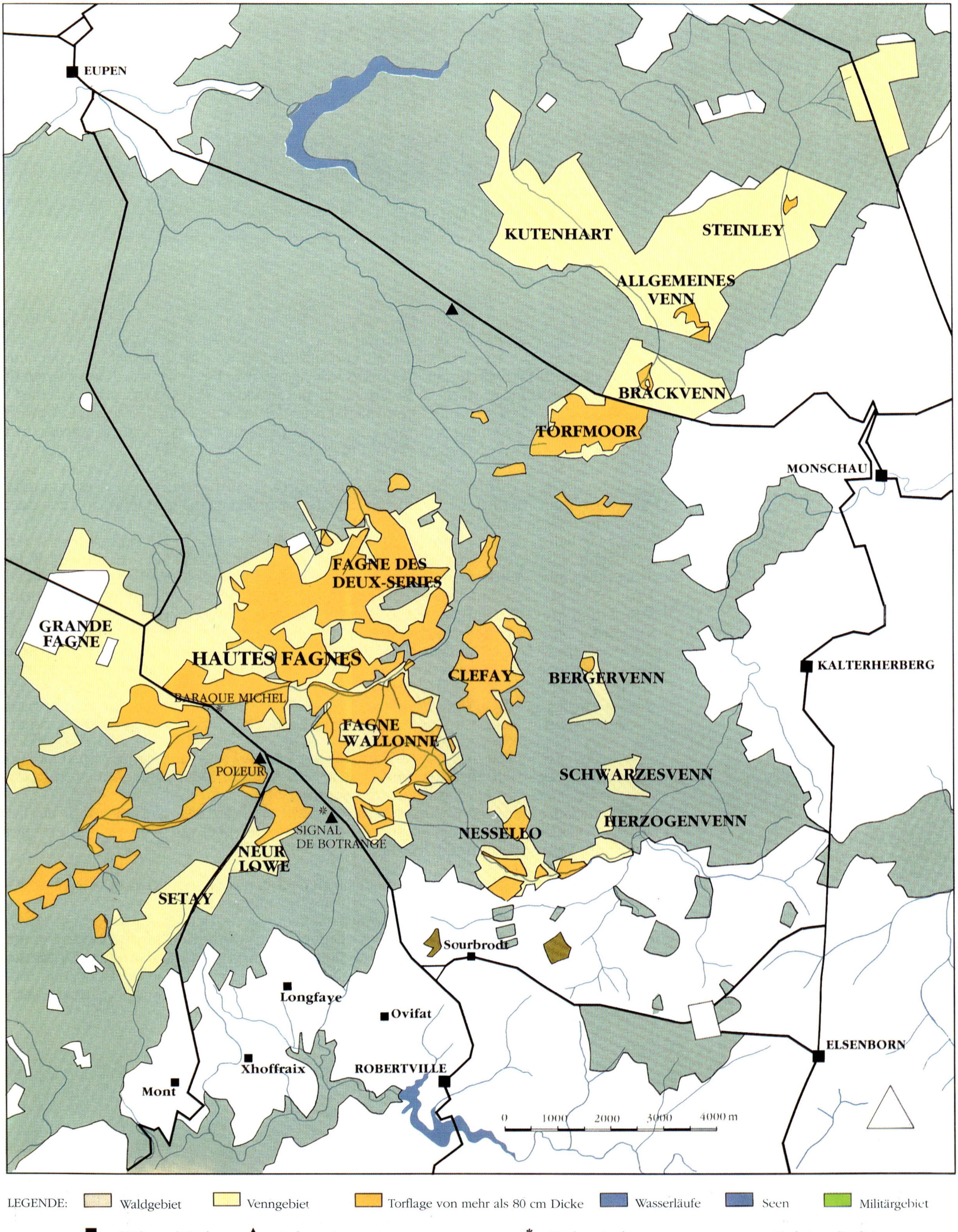

LEGENDE: Waldgebiet | Venngebiet | Torflage von mehr als 80 cm Dicke | Wasserläufe | Seen | Militärgebiet

■ Städte und Dörfer

▲ Informartionszentren (Naturparkzentrum Botrange, Haus Ternell, Wissenschaftliche Station)

* Höchste Punkte (Baraque Michel: 672 m; Botrange: 694 m)

— Wichtigste Straßen

SEIT DEM 19. JAHRHUNDERT

Das Aufkommen von Kunstdünger, die Einfuhr von Getreide und Fleisch aus Übersee und das Aufblühen des Steinkohlebergbaus führten zum Niedergang der alten Landbewirtschaftungsmethoden, und die Torfstecherei ging zurück. Man suchte nach einer neuen Bestimmung für die ökonomisch wenig rentablen Böden der Ardennen-Hochflächen. Die Nachfrage nach Holz für den Bergbau schien eine großartige Lösung zu bieten. So wurden ab dem Ende des 19. und dem Beginn des 20. Jahrhunderts große Flächen Hochmoor und moorige Heideflächen Stück für Stück trockengelegt und mit Nadelbäumen bepflanzt. Auf den durchlässigeren Böden, die mit trockenen Heidefeldern oder gemischtem Buchenwald bestanden waren, wurden ebenfalls Nadelhölzer gepflanzt. Zu Beginn pflanzte man Waldkiefern. Die ersten Anpflanzungen (Noir Flohay, Dootvenne) datieren schon aus der Mitte des 19. Jahrhunderts. Später, ungefähr seit 1870, suchte man seine Zuflucht bei Fichten. Sie schienen der winterlichen Schneelast besser standzuhalten als die Waldkiefern. Jedoch durften die Fichten mit ihrem oberflächigen Wurzelgeflecht nicht zu naß stehen. Deshalb unterwarf man die Böden großangelegten Entwässerungsaktionen: Man legte im Abstand von 4,5 m tiefe Gräben an, in die jeweils eine große Anzahl kleinerer Entwässerungskanäle mündete. Hierdurch wurde das Wasser aus dem Moor schneller abgeführt und der Grundwasserspiegel konnte beträchtlich gesenkt werden. Dies führte zu einer tiefen Gleichgewichtsstörung des Moor-Ökotops: Auf den feuchten Heiden mit Glockenheide, Rasensimse und Pfeifengras begann dieses Gras sich auszubreiten und schließlich fast allein vorzuherrschen. Darüber hinaus begann es, um sich an die wechselnde Grundwasserhöhe anzupassen, in dichten Büscheln zu wachsen. In diesen Büscheln, die aus abgestorbenen Pflanzenfasern bestehen, fanden die jungen Triebe und Knospen einen besonders guten Schutz gegen ... FEUER. Nach dem Ausbruch eines Moorbrandes, für den das Pfeifengras größtenteils selbst verantwortlich war, konnte es sich auf diese Weise und auf Kosten anderer, weniger gut feuergeschützter Arten, wie z.B. der Glockenheide, immer weiter ausbreiten. Die Brandgefahr nahm in dem Maße zu, wie sich das Pfeifengras im gesamten Moorgebiet verbreitete. Selbst Hochmoore (ungefähr 700 Hektar im Fagne des Deux-Series) gingen in Flammen auf. Denn nicht nur die trockene Spreu des Pfeifengrases brennt gut, auch die darunterliegende Torfschicht, ein außerordentlich guter Brennstoff, wird gierig vom Feuer verzehrt. Doch nach einiger Zeit erholten die schwarzgebrannten Flächen sich wieder. Auf den größtenteils von der Torfschicht befreiten Böden, die darüber hinaus reichlich mineralhaltige Aschen enthielten, entwickelte sich eine neue Pflanzendecke: zuerst ein dichter Teppich von Gemeinem Widertonmoos, dem Holzgewächse wie die Ohr-Weide und Zitter-Pappel und schließlich auch Ebereschen, Birken und Eichen folgten. Diese Bäume kündigten die Rückkehr des gemischten Eichen-Birkenwaldes auf diesen verbrannten Moorböden an. Als sich schließlich 1957 die Argumente der Naturschützer nach dreißigjährigem Streit gegenüber denen der Forstwirtschaftler durchsetzten, konnten knapp 4.000 ha Moor des Venngebietes gerettet werden. Es bestand zum größten Teil aus moorigen Pfeifengrasflächen, die sich wegen des Ausbleibens der alten Landbewirtschaftungsmethoden allmählich wieder bewaldeten, und aus knapp 150 ha teilweise abgegrabenen und entwässerten Hochmoorflächen.

DER GRASFROSCH

Er ist braun, kann manchmal jedoch auch gelb oder beinahe grün sein. Der dunkle, oberhalb des Trommelfels dicht hinter den Augen liegende Fleck kennzeichnet diese Froschart aber in allen Fällen.

FLIEGENFÄNGER IM MOOR

Ein fleischfressendes Pflänzchen, der Rundblättrige Sonnentau, und der insektenfressende Grasfrosch warten gemeinsam auf einen Leckerbissen.

Der naturhistorische Wert des Hohen Venns

DIE NATÜRLICHEN LANDSCHAFTEN

Das Hohe Venn[1] verdankt seinen Namen und seine Bekanntheit seinen leichtgewölbten Hochmooren. Diese befinden sich im Wallonischen Venn, im Fagne de Clefaye, im Königlichen Torfmoor (Misten) und in der Nähe des Rurhofes. Sie nehmen insgesamt eine Oberfläche von etwa 150 ha ein. Hochmoore sind echte, natürliche Landschaften: Es sind Landschaften, die sich in Jahrhunderten von selbst gebildet haben und die nur wenige oder keine menschliche Einflußnahme erfahren haben. Natürliche Landschaften haben meistens ein mehr oder weniger stabiles Endstadium (Klimax) erreicht und entwickeln sich somit nur noch wenig oder überhaupt nicht mehr weiter. Allein wenn Klimaveränderungen oder Schwankungen in der Bodenzusammensetzung auftreten oder der Mensch in diese Landschaften eingreift, treten Veränderungen auf. Bei derartigen Landschaften reicht es aus, sie vor negativen, hauptsächlich anthropogenen, d.h. vom Menschen verursachten Einflüssen zu bewahren. Im Naturschutzgebiet des Hohen Venns sind außer den Moorgebieten weitere natürliche Landschaften anzutreffen: Birken- und Erlenbruchwälder, Eichen-Birkenwälder und Buchenwälder. Auch die Niedermoore, die sich an Stellen mit schlechter Wasserabfuhr entwickelt haben, werden der Einfachheit halber diesen natürlichen Landschaftsformen zugeordnet. Aber im Gegensatz zu den weiter oben erwähnten Landschaftstypen handelt es sich hier um relativ junge Formationen, die sich noch in voller Evolution befinden. Sie ersetzen die früheren Erlen- und Birkenbruchwälder und gehören eigentlich zu den halbnatürlichen Landschaften.

Hochmoore und Niedermoore

Bevor Flora und Fauna beider Landschaftsformationen beschrieben werden, sollen die Begriffe „Moor", „Niedermoor" und „Hochmoor" näher erklärt werden.

DIE BEGRIFFE MOOR, NIEDERMOOR UND HOCHMOOR

Ein MOOR entsteht ausschließlich in sehr feuchten Arealen, wo die Produktion von pflanzlichem Material höher ist als der Abbau desselben. Der Abbau wird hauptsächlich durch die vorherrschenden Umweltbedingungen verzögert, die dem Mangel an Sauerstoff und dem hohem Feuchtigkeitsgrad zuzuschreiben sind. Die Schichten nicht-zersetzter Pflanzenfasern stapeln sich, und Torf entsteht. In der Pedologie (Bodenkunde) definiert man Torf als einen Boden, der mehr als 75% nicht-zersetztes organisches Material enthält. Sobald dieser Torfboden eine bestimmte Stärke (ca. 30 cm) erreicht, spricht man von einem Moor. Bei weniger als 50 bis 80 cm Dicke handelt es sich um ein Niedermoor. Wenn die Torfschicht dicker ist, hat man es mit einem Hochmoor zu tun.

NIEDERMOORE sind bei ihrem Entstehen und ihrer Fortentwicklung von mineralischem Grund-, Überströmungs- oder Quellwasser abhängig. Sie entnehmen diesem Wasser ihre Nährstoffe und werden wegen dieser Ernährungsweise (Trophie) mit mineralischen Stoffen auch als „minerotrophe" Moore bezeichnet. Sie können sowohl in niederschlagsarmen als auch in sehr regenreichen Gebieten entstehen. Im letzteren Fall können sie im Laufe der Zeit das Entstehen eines Hochmoores verursachen. Entsprechend der Art ihres Entstehens (Genese) sind Niedermoore topogen, d.h. ihr Entstehen hängt eng mit dem Relief oder der Topographie zusammen und nicht mit dem Klima.

Im Tiefland entwickeln sich topogene Moore meistens entlang stehender Gewässer oder entlang langsam fließender Flüsse mit nährstoffreichem Wasser. In diesem nährstoffreichen Wasser siedeln sich allerlei treibende Wasserpflanzen und Unterwasserpflanzen an. Im Sumpfstreifen entlang der Ufer gedeiht hauptsächlich Schilfrohr (Phragmites australis). Es wird von

(1)
Venn, Fehn, Fenn : norddeutsch für Moor, Sumpf oder Wiesenstück in der Marsch

Niedermoore:

Topogene Moore

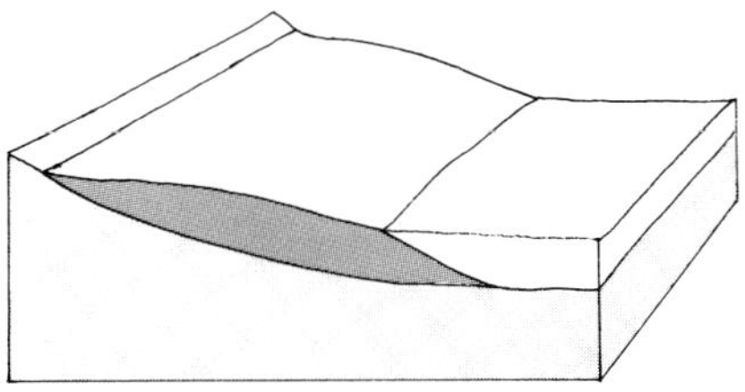

Entlang von Flüssen

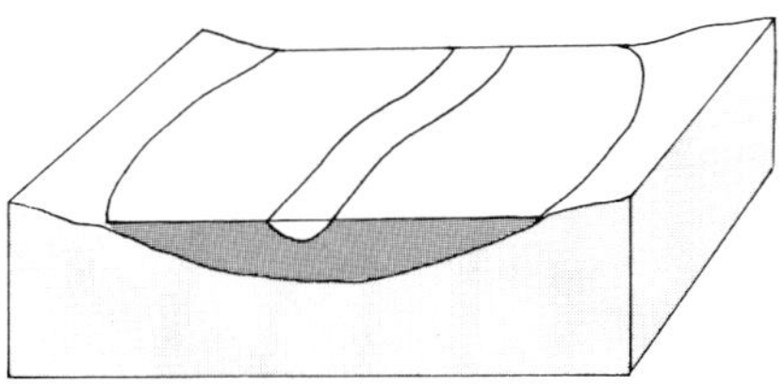

In großen Lachen

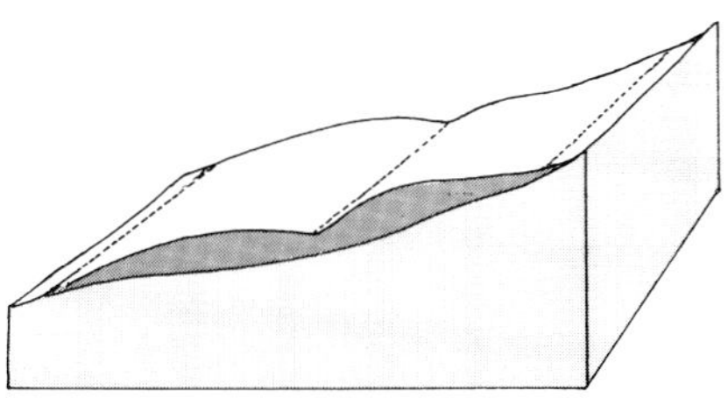

Topogene und soligene Moore

DER UNTERSCHIED ZWISCHEN EINEM NIEDERMOOR UND EINEM HOCHMOOR

UNTERSCHIED	*NIEDERMOOR*	*HOCHMOOR*
Entstehungsort	*in Versandungszonen an Tümpeln oder Flüssen: echte Niedermoore (topogen), an Hängen in der Nähe einer Quelle oder eines Quellflusses: Hangmoore (topogen und soligen)*	*in Gebieten mit vielen Niederschlägen und / oder geringer Verdunstung aus einem Niedermoor (ombrotopogen) oder Hangmoor (ombrosoligen): gemischte Hochmoore unabhängig von der Form der Geländeoberfläche: echte Hochmoore (ombrogen)*
Herkunft des Wassers	*Überstömungs-, Grund- oder Quellwasser*	*Regenwasser*
Nährstoffgehalt des Wassers	*nährstoffreich oder nährstoffarm*	*nährstoffarm*
Säuregrad	*sauer, neutral oder basisch*	*immer sehr sauer*
Torfart	*Torf aus Schilf, Seggen oder Erlen*	*Torf hauptsächlich aus Torfmoosen, Wollgras und Heidegewächsen*
Form der Oberfläche	*an die Geländeoberfläche angepaßt: flach (in Niederungen) oder hängend (an Abhängen)*	*meistens unabhängig von der Form der Geländeoberfläche, häufig gewölbt*
Pflanzenleben (Vegetation)	**üppiger Pflanzenwuchs (echtes Niedermoor)** *Schilfröhricht (Phragmition)* → *Großseggenrieder (Magnocaricion)* → *Faulbaum-Aschweiden-Gebüsch (Salicion cinereae)* → *Erlenbruchwald (Alnion glutinosae)* **magerer Pflanzenwuchs (Hangmoor)** *Kleinseggenrieder (Parvocaricion)* → *Faulbaum-Aschweiden-Gebüsch (Salicion cinereae)* → *Erlenbruchwald (Alnion glutinosae)* *natürliche Sukzession*	**magerer Pflanzenwuchs** *lebendes Hochmoor, auf den Bulten Torfmoose (Sphagnion europaeum) und in den Schlenken Pflanzen des Schnabelried-Verbandes (Rhynchosporion albae)* → *ruhendes Heidehochmoor (EricioSphagnion)* → *Birkenbruchwald (Betulion pubescentis)*

verschiedenen Uferpflanzen wie dem Rohrkolben (Typha latifolia und Typha angustifolia), der Gelben Schwertlilie (Iris pseudacorus) usw. und großen Seggenarten wie der Ufer-Segge (Carex riparia), der Schlanken Segge (Carex acuta) usw. begleitet. Das nährstoffreiche Grund- und Überströmungswasser sorgt für eine schnelle Entwicklung dieses üppigen Pflanzenwuchses. In diesem äußerst feuchten Milieu kann sich das Fasermaterial nur schlecht zersetzen, es stapelt sich demzufolge, und Torf entsteht.
Die Stapelung von Torf ist in stehenden Gewässern am größten; in fließenden Gewässern mit großem Anteil gelöstem Sauerstoff ist die Stapelung viel geringer. In dem Maße, wie die Torfschicht zunimmt, kommt aus dem Wasser Land zum Vorschein, und die Zeit wird reif für die Ansiedlung von verschiedenen Baumarten: zuerst entsteht ein Weiden-Faulbaumgebüsch und später ein sumpfiger Erlenbruch.

In höhergelegenen Gebieten, wie z.B. den Ardennen, den Vogesen etc., entstehen topogene Moore vor allem in der Umgebung von Quellen oder Quellbächen oder aber in Quellgebieten, die an einem Hang liegen. An den Stellen, wo die Hangneigung weniger steil ist, sammelt sich das Wasser und es bildet sich ein Niedermoor, das auch „Hangmoor" oder soligenes Moor genannt wird.
Das Wasser, das diesen Hangmooren zufließt, ist im allgemeinen sehr kühl (4 bis 6° C) und nährstoffarm (pH = 4 bis 6,5). Die Pflanzendecke wird in Verbindung mit einer reichen Moosflora hauptsächlich von kleineren Seggenarten wie der Wiesen-Segge (Carex nigra), der Grauen Segge (Carex curta) und von der Igel-Segge (Carex echinata) gebildet und von einer Menge

VIERFLECK-KREUZSPINNE

Diese in der Färbung sehr veränderliche Radnetzspinne spinnt ein gewaltiges radförmiges Netz, mit dem sie allerlei relativ große fliegende Insekten fängt. Sie selbst hält sich häufig in einem Unterschlupf außerhalb ihres Netzes auf. Im Spätsommer und im Herbst kommt sie häufig im Venn vor.

GERANDETE JAGDSPINNE

Die Gerandete Jagdspinne ist die größte Spinne unseres Gebietes. Sie taucht sogar unter Wasser, um eine Beute zu fangen.

Hochmoore

Gemischte Hochmoore

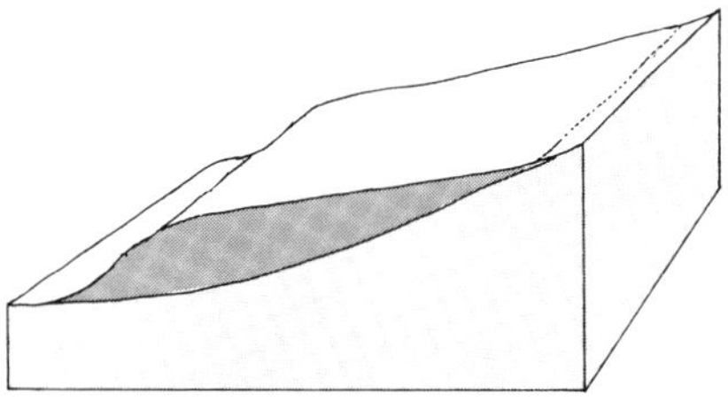

ombro-soligenes Hochmoor

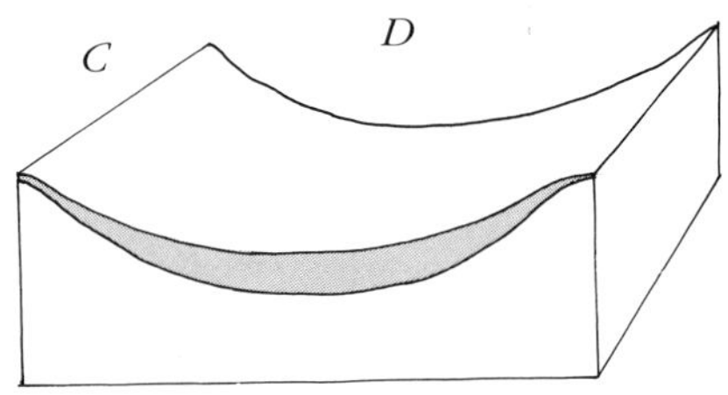

ombro-soligenes Sattelhochmoor, Querschnitt

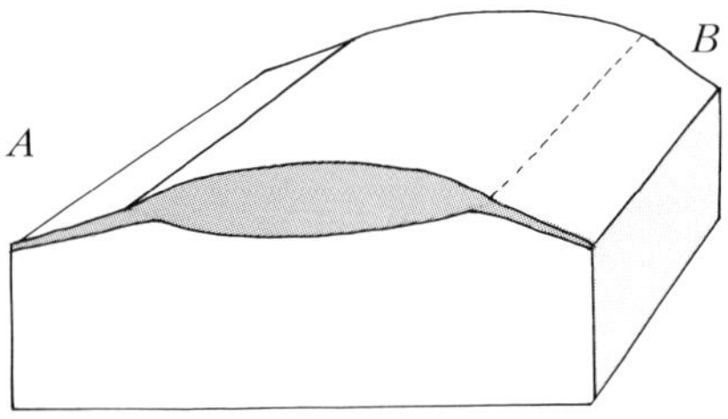

ombro-soligenes Sattelhochmoor, Längsschnitt

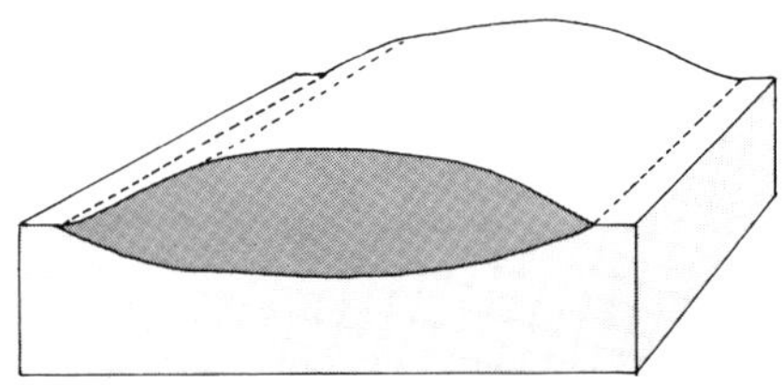

ombro-topogenes Hochmoor

Echte Hochmoore

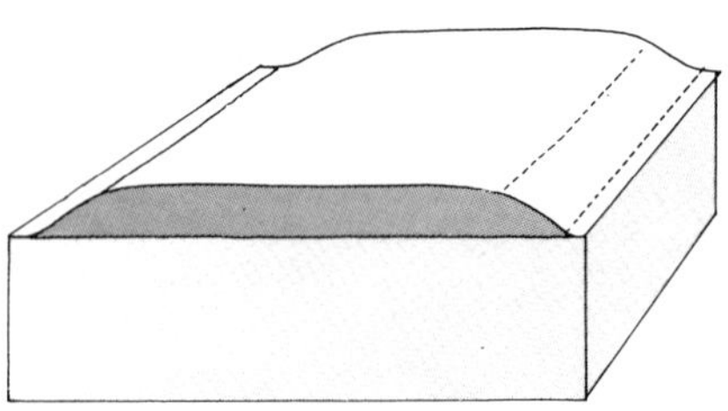

auf flachen Bodenoberflächen

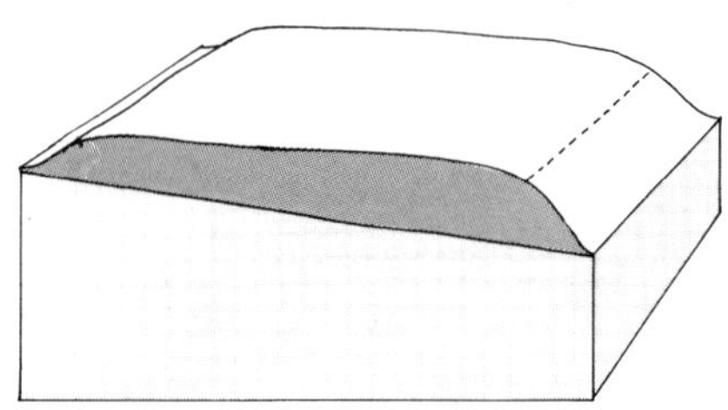

an Hängen

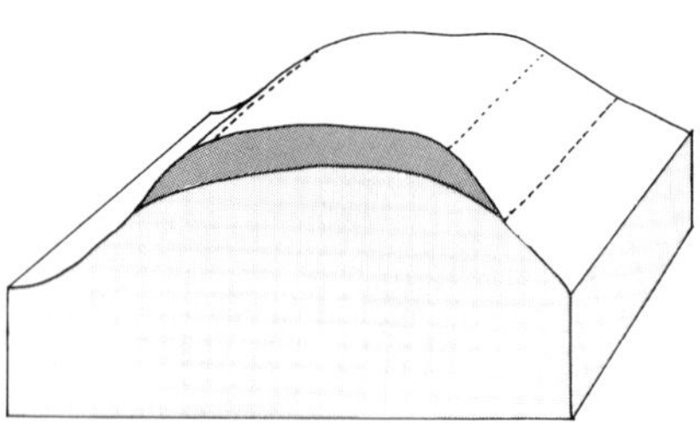

auf Bergkämmen

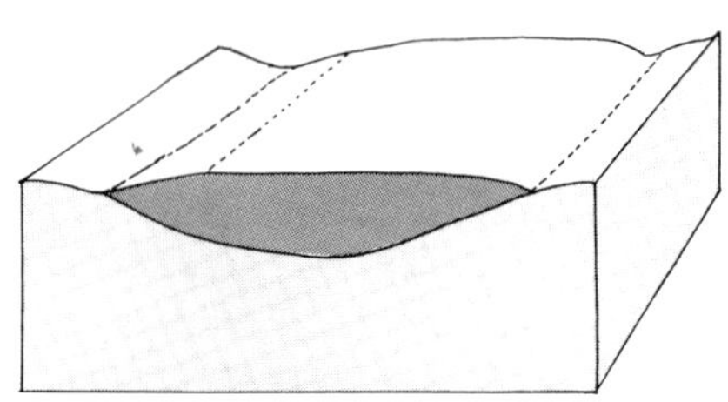

in untiefen Niederungen

von Sumpfpflanzen wie dem Sumpf-Veilchen (Viola palustris), dem Blutauge (Comarum palustre), dem Sumpf-Fieberklee (Menyanthes trifoliata) usw. In den Hangmooren kann im Laufe der Zeit sogar eine Bewaldung mit Weiden oder Erlen auftreten.

HOCHMOORE bilden sich ausschließlich in Gebieten mit einer positiven Wasserbilanz, d.h. die Niederschlagsmenge (Regen, Schnee, Nebel, ...) muß größer sein als die Verdunstung und Abfuhr des überschüssigen Wassers (N > V + A). Gebiete mit vielen Niederschlägen (z.B. atlantische Gebiete) und/oder einem kalten Klima mit wenig Verdunstung (z.B. boreale Gebiete) verfügen über große Hochmoorflächen. Hochmoore entnehmen ihre Nährstoffe einzig und allein dem in der Atmosphäre gelösten Wasser, sie sind somit „ombrotroph" (ombros = Regen). Ihrer Entstehungsweise nach sind sie ombrogen; es sei denn, daß sie aus einem Niedermoor entstanden sind. Ombrogene Hochmoore entstehen unter direktem Einfluß des Regenwassers. An der Basis eines derartigen Hochmoores findet man keine Niedermoorvegetation, sondern den mineralischen, undurchlässigen Boden oder die ursprüngliche Vegetation, meistens Wald. In Wirklichkeit sind eine große Anzahl von Hochmooren zu Beginn topogen oder soligen, werden jedoch als Folge des niederschlagsreichen Klimas ombrogen.

DER ÜBERGANG VOM NIEDERMOOR ZUM HOCHMOOR

Manchmal geschieht es, daß (im Falle eines topogenen Moores im Tiefland) das ursprüngliche Niedermoor sich derart hochwölbt, daß es vom nährstoffreichen Grund- oder Überströmungswasser isoliert wird. Sobald nun die Nährstoffe zur Neige gehen, halten Pflanzenarten ihren Einzug, die mit wenigem zufrieden sind. Dies sind insbesondere die Torfmoose[2]. Zuerst erscheinen die Torfmoose der mehr oder weniger feuchten, noch nährstoffreichen Standplätze, später auch diejenigen der ausgesprochen nährstoffarmen Standplätze. Das Niedermoor paßt sich im Laufe der Zeit (bei günstigen klimatologischen Umständen) immer besser an das Regenwasser an. Dies führt schließlich zur Entstehung eines echten ombrotrophen Hochmoores. Das auf diese Weise gebildete Hochmoor nennt man ein „ombro-topogenes" Hochmoor.

In den soligenen Mooren oder Hangmooren tritt eine gleichartige Erscheinung auf. Am unteren Ende des Abhangs, wo das nährstoffarme Wasser sich sammelt, entwickeln die Torfmoose sich optimal und lassen dann eine dicke Torfschicht entstehen, so daß der Kontakt mit dem mineralischen Wasser allmählich verlorengeht. Das Moor ist dann auf das Regenwasser angewiesen und wird somit ombrotroph. Dieses ombrotrophe Hochmoor wird das ursprüngliche Niedermoor mit seinem typischen Pflanzenwuchs zur Quelle hin langsam verdrängen. Das Ergebnis ist ein ombro-soligenes Hochmoor.

Eine besondere Form des ombro-soligenen Hochmoores ist das Sattelhochmoor. Das Wasser, das von den gut entwässerten Spitzen (A,B) kommt („durèts" oder „setchamps" genannt = trockene Felder), fließt an den sanften Hängen nur mühsam ab und sammelt sich in den dazwischen gelegenen Niederungen (C,D). An den Abhängen bilden sich soligene Hangmoore. In den Niederungen - mit der typischen Sattelform - entwickelt sich über der ursprünglichen Vegetation (einem Birkenbruchwald) ein echtes ombrogenes Hochmoor. Auch hier sind es wieder die Torfmoose, die für die Bildung des Hochmoores verantwortlich sind. Am Fuße der Bäume entwickelt sich ein dichter Moosteppich. Wegen Sauerstoffmangels sterben die Wurzeln der Bäume langsam ab, und ganz allmählich werden die Bäume im wachsenden Hochmoor absorbiert. Auch die soligenen Hangmoore werden teilweise durch das sich bildende ombrogene Hochmoor vereinnahmt. So entsteht schließlich ein ombro-soligenes Sattelhochmoor. Die meisten Hochmoore des Vennplateaus gehören zu diesem Typ.

DIE BEDEUTUNG DER TORFMOOSE IM HOCHMOOR

Angesichts der besonderen Mineralarmut des Regenwassers können allein bestimmte, den Bedingungen entsprechend angepaßte Pflanzenarten in einem Hochmoor überleben. Eine derartige hochspezialisierte Pflanzengattung ist das Torfmoos (Sphagnum). Ein Torfmoospflänzchen kann dank seiner besonderen Struktur Nährstoffe aus dem Regenwasser herauslösen: Es hat große, leblose Zellen, die als Wasserspeicher dienen. Positive Ionen von Nährstoffen (K^+, Ca^+, ...) werden hierbei gegen Wasserstoffionen (H+) ausgetauscht, die den Zellwandsäuren entstammen. Das Wasser, das aus dem Torfmoos abfließt, wird dadurch sehr sauer und nährstoffarm.

Test: Etwas Torfmoos wird gut ausgedrückt und in ein mit Regenwasser (pH-Wert: ca. 5,3) gefülltes Becherglas gegeben. Man mißt nach 24 Stunden mit einem Säuregradmesser (pH-Messer) den Säuregrad des Wassers. Dieser wird um mindestens eine Einheit abgenommen haben. Wegen der Eigenschaft, Wasser festhalten zu können, vergleicht man das Torfmoos häufig mit einem Schwamm. Selbst die abgestorbenen Pflanzenfasern des Torfmooses behalten ihre Absorptionsfähigkeit. 1 m^2 Torfmoosteppich von 20 cm Stärke (davon 10 cm lebende und 10 cm tote Stengel) hat ein Naßgewicht von 77 kg, trocken wiegt er nur noch 5 kg. Das Torfmoos ist demnach imstande, das 14fache seines eigenen Gewichtes an Wasser aufzunehmen. Bei bestimmten Torfmoosarten ist diese Eigenschaft besser entwickelt als bei anderen: Das Mittlere Torfmoos (Sphagnum magellanicum) nimmt 20 bis 25 mal sein eigenes Trockengewicht an Wasser auf, beim Gekrümmten Torfmoos (Sphagnum apiculatum) ist es nur das 14- bis 18fache.

Torfmoose sind nicht nur in der Lage, Wasser aufzunehmen, sie können es auch mittels Kapillarwirkung nach oben saugen. Dank dieses Wassersaug- und Wasseraufnahmevermögens sorgen die Torfmoose für eine konstante Feuchtigkeit im Moosteppich. Das Vorhandensein großer Wassermengen in der Torfmoosdecke hat weitreichende Folgen für das Mikroklima der Hochmoore. An der Oberfläche des Hochmoores verdampft unter Einfluß der Sonneneinstrahlung ständig Wasser. Wegen dieser starken Verdunstung bleibt die Atmosphäre über den Hochmooren ausreichend feucht. Durch den Verlust an Verdunstungswärme kühlt sich das Moorwasser darüber hinaus stark ab. In und um ein Hochmoor herum ist es deswegen immer kühler als in weiterer Entfernung davon, was sich wiederum auf Flora und Fauna auswirkt.

(2)
In besonders nährstoffreichen Niedermooren, in denen stets ausreichend Mineralien zur Verfügung stehen, sorgen die Schlafmoose (Hupnaceae) zusammen mit andern Pflanzen für den Aufbau des Hochmoores.

HILFE, EINE SCHLANGE ...

Falsch! Das Reptil, das sich im Widertonmoos bewegt, ist eine beinlose Eidechse: die Blindschleiche. Sie unterscheidet sich von Schlangen durch ihre verschließbaren Augen und ihren abbrechenden Schwanz. Wenn sie von einem Feind bedroht oder angegriffen wird, schüttelt sie ihren Schwanz ab. Er bewegt sich noch eine Zeitlang weiter und lenkt so die Aufmerksamkeit des Angreifers ab.

LUNGEN-ENZIAN

Das Mähen feuchter Böden hat das Entstehen nasser, mooriger Heidefelder gefördert. Neben Glockenheide und Rasensimse kommt auch der seltene Lungen-Enzian in diesen Biotopen vor. Ab August wird der Wanderer vom Anblick der prächtigen königsblauen Enzianblüten verwöhnt.

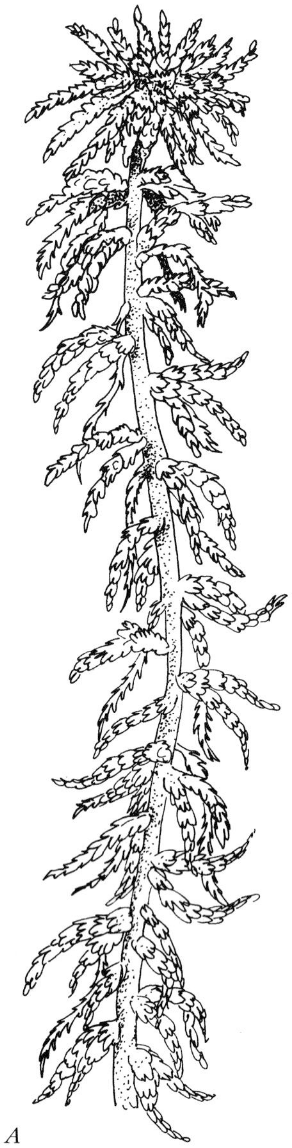

A

B

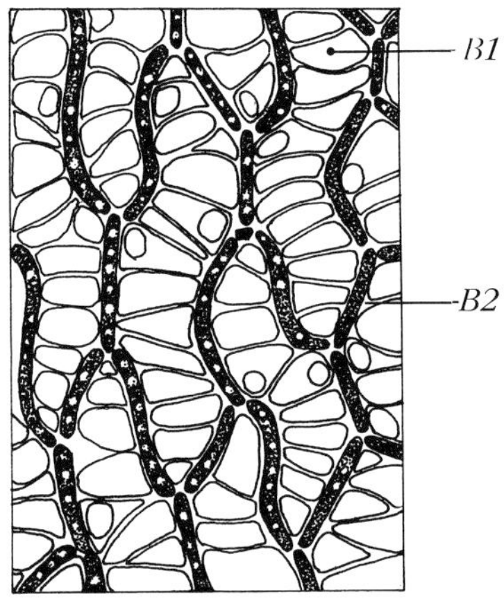

C

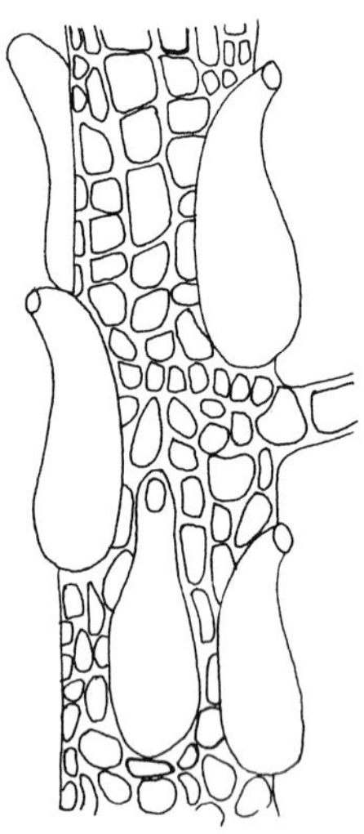

A
Genereller Aufbau einer Torfmoospflanze:
Dieses Laubmoos hat einen aufrechten, mit Blättern versehenen Stengel, dem zahlreiche Seitentriebe entspringen. Die ebenfalls Blätter tragenden Seitentriebe stehen entweder zur Seite ab oder hängen am Stengel herunter. An der Spitze bilden verschiedene Seitentriebe ein dichtes kugeliges Köpfchen. Zwischen allen diesen Seitentrieben und Blättern hält das Torfmoos große Mengen Wasser fest. Einerseits geschieht dies durch die Kapillarität (= das Vermögen, Wasser hochzusaugen), andererseits durch den besonderen inneren Bau der Torfmoospflanzen.

B
Schnitt durch ein Torfmoosblatt:
Bei allen Torfmoosen findet man zwei Arten von Zellen: grüne längliche Zellen, die eine Art von Netz bilden und farblose große Zellen, die sich in den Maschen dieses Netzes befinden. Dieser Aufbau ist nur unter dem Mikroskop (100fache Vergrößerung) zu sehen. Dazu kann man mit einer Rasierklinge einen Querschnitt durch ein Torfmoosblatt anfertigen. Eine andere, weniger zeitaufwendige Methode besteht darin, eine Anzahl Torfmoosblätter mit der hohlen Seite (Innenseite) und eine Anzahl andere mit der runden Seite (Außenseite) unter die Linse zu legen.
B.1
Leblose Zellen ohne Chlorophyll, die als Wasserspeicher dienen. Sie sind darüberhinaus mit spiralförmigen Verstärkungswänden ausgestattet (nicht bei allen Arten) und haben kleine Zellöffnungen, die für die Verbindung mit der Außenwelt sorgen.
B.2
Lebende Zellen mit Chlorophyll, die für andere Funktionen der Pflanze zuständig sind (Photosynthese).

C
Seitenansicht eines Torfmoosstengels: Unter dem Mikroskop besehen, kann man bei einigen Arten (z.B. Sphagnum molluscum) flaschenförmige Zellen erkennen, die mit Wasser gefüllt sind, solange die Umgebung naß genug ist. Sie haben ebenfalls eine Öffnung nach außen.

Torfmoose wachsen nach oben weiter und sterben, als Folge von Lichtmangel, an der Unterseite ab. Ein Torfmoosteppich hat eine mittlere Wachstumsgeschwindigkeit von 7 bis 18,7 mm pro Jahr. Im sauren und kalten Moorwasser gehen die Torfmoose aus Mangel an Sauerstoff kaum in Zersetzung über. (Schon 4 bis 8 cm unter dem Torfmoosteppich befindet sich kein Sauerstoff mehr, dort können nur noch anaerobe Bakterien überleben.) Auch der hohe Säuregrad des Moorwassers, das ein ausgezeichnetes Konservierungsvermögen besitzt, verzögert den Abbau. Das organische, vor allem pflanzliche Material stapelt sich, und Torf entsteht.

In einem aktiven Hochmoor unseres Klimagebietes nimmt die Torfschicht jährlich mit ungefähr 1 mm zu. Eine Torfschicht von 1 m Stärke ist demnach etwa 1.000 Jahre alt. Die Torfschicht wächst übrigens in der Mitte des Moores stärker als an seinen Rändern. Dies gibt dem Hochmoor die typische Wölbung. In Gebieten mit einem relativ trockenen, kontinentaleren Klima ist diese Wölbung als Folge der geringeren Niederschläge und der verminderten Mineralienzufuhr stärker ausgeprägt. In unseren Regionen mit feuchtem, atlantischerem Klima zeigen die Hochmoore an der Oberseite ihrer typischen Sattelform nur eine leichte Wölbung.
Hochmoore haben an ihrer Oberfläche eine deutlich ausgeprägte reliefartige Struktur von hohen Bulten und tiefen Schlenken. Dieses Muster, das für ein noch lebendes, weiter wachsendes Hochmoor kennzeichnend ist, kann in der Größenordnung sehr verschieden sein. Manchmal ist kaum ein Höhenunterschied wahrzunehmen, und in anderen Fällen hat die Mooroberfläche ein sehr buckliges, unebenes Aussehen.

Bestimmte Bedingungen können das Wachstum eines Hochmoores stark bremsen. Wenn das Hochmoor weniger Niederschläge empfängt und/oder viel Wasser verdampft (z.B. unter Einfluß eines wärmeren und weniger regnerischen Klimas) wird das Hochmoor austrocknen. Pflanzenarten, die weniger feuchtigkeitsliebend und weniger genügsam sind, halten dann ihren Einzug und verdrängen die ursprünglichen Torfmoosgesellschaften. Das lebende Hochmoor geht über in ein ruhendes Hochmoor, in dem die Pflanzen der Heidefamilie vorherrschen. Derartige Umstände haben sich im Laufe der letzten Jahrtausende mehrere Male ergeben, u.a. zur Zeit der subborealen Periode. Sobald das Klima wieder günstiger wird, kann das Hochmoor nach einer solchen Ruheperiode seine Aktivität wieder aufnehmen. Die auf die Regenwasserzufuhr eingestellten Torfmoose erhalten dann wieder die Oberhand. Auch menschliche Einflußnahmen, wie Dränung und Abtorfung, können den Wasserhaushalt des Hochmoores stören und es in ein ruhendes Heide-Hochmoor verwandeln. Im letzten Stadium können auf ruhenden und/oder auf stark entwässerten Hochmooren wieder Bäume wachsen. Bei einem lebenden Hochmoor ist dies unmöglich. Es handelt sich dabei dann um einen lichten Wald, der hauptsächlich aus Moor-Birken (Betula pubescens) besteht.

PFLANZEN- UND TIERWELT DER LEICHTGEWÖLBTEN HOCHMOORE

Die Hochmoore formen, wie bereits ausgeführt, ein Biotop ganz besonderer Art. Sie sind nährstoffarm, sehr sauer, enthalten große Mengen Wasser und unterliegen hohen Temperaturschwankungen. Im Sommer heizt sich die Mooroberfläche bei sonnigem Wetter stark auf, nachts kühlt sie jedoch wieder ab. Es können selbst im Juli und August Temperaturen unter und um den Gefrierpunkt herum beobachtet werden. Die Pflanzen und Tiere, die unter diesen extremen Umständen überleben können, haben sich dann auch im hohen Grade angepaßt.

DIE GROSSEN VEGETATIONSEINHEITEN

Auf den Bulten im Hochmoor ist das Torfmoos (Sphagnum spp.) neben einigen anderen Pflanzen vorherrschend. Die anderen typischen Hochmoorpflanzen sind: die Kleine Moosbeere (Vaccinium oxycocuus), die Rosmarinheide (Andromeda polifolia) und das Scheidige Wollgras (Eriophorum vaginatum). Auch die Gewöhnliche Glockenheide (Erica tetralix) ist eine Bewohnerin der Hochmoorbulten. An den höchsten und trockensten Stellen der Bulten trifft man auch ab und zu die Krähenbeere (Empetrum nigerum) an. Alle diese Gefäßpflanzen (Kormophyten), hauptsächlich aus der Heidefamilie, wachsen über den dicken, durch Torfmoose gebildeten Mooskissen. Die am häufigsten vorkommenden Torfmoose sind: das Warzige Torfmoos (Sphagnum papillosum), das Rötliche Torfmoos (Sphagnum rubellum), das Mittlere Torfmoos (Sphagnum magellanicum) und das Gekrümmte Torfmoos (Sphagnum apiculatum). An den trockensten Stellen der Bulte, wo sich die Krähenbeere ihr Plätzchen erkämpft hat, wird auch das Braune Torfmoos (Sphagnum fuscum) angetroffen. Außer den Torfmoosen gedeihen auch andere Moosarten auf den Hochmoorbulten. Unter den Blattmoosen begegnen wir vor allem dem Steifen Widertonmoos (Polytrichum strictum), dem Gemeinen Widertonmoos (Polytrichum commune), und dem Ordenskissen (Leucobryum glaucum). Von den Lebermoosen muß das Hochmoor-Schlitzkelchmoos (Odontochisma sphagni) genannt werden. Die Vegetation der Hochmoorbulten gehört zum Torfmoos-Verband (Sphagnion europaeum) und dieser zur Klasse der Hochmoore und Moorheiden (Oxycocco-Sphagnetea).

Je nachdem, welche Torfmoosart dominiert, unterscheidet man drei Pflanzengesellschaften: - eine Gesellschaft mit dem Mittleren Torfmoos als dominater Art, - eine Gesellschaft, in der das Warzige Torfmoos vorherrscht, - und schließlich eine Gesellschaft, in der das Gekrümmte Torfmoos im Verbund mit dem Scheiden-Wollgras bestimmend ist. Die Gesellschaft mit dem Mittleren Torfmoos besiedelt den höchsten, ausschließlich ombrotroph genährten Mittelteil des Hochmoores. Die Gesellschaft mit dem Warzigen Torfmoos besiedelt die feuchteren Flanken; hier fließt das Wasser dicht an der Mooroberfläche und es ist ein größeres Mineralienangebot vorhanden. Sobald das Wasser an die Oberfläche kommt, kann der Beinbrech (Narthecium ossifragum), eine Lilienart mit prächtigen, gelben Blüten, vermehrt in dieser Pflanzengesellschaft auftreten. Es handelt sich bei beiden Pflanzenarten, sowohl beim Beinbrech als auch beim Warzigen Torfmoos, um typische atlantische Arten. In den Randzonen des Hochmoores kommt eine andere Variante derselben Gesellschaft vor: eine Variante mit Pfeifengras (Molinea caerulea). Diese Grasart hat sich im Laufe der Jahre auf Kosten der ursprünglichen Hochmoorpflanzen stark verbreitet. Grund hierfür ist einerseits das Aufgeben der früheren Landbewirtschaftungsmethoden (das Hochmoor wurde gemäht), und andererseits ist es die Folge von Austrocknung durch Abtorfung und Dränung.

MOOS-HÄUBLING

Ein kleiner Pilz überragt den Teppich aus Widertonmoos: Der Fruchtkörper entsteht aus unzähligen Schimmelfäden.

IGEL-SEGGE

Zwischen Beinbrechpflanzen versteckt, ein kleines Riedgras: Die Igel-Segge. Sie ist eine auf saurem Moorboden sehr verbreitete Seggenart. Die reifen Früchte bilden einfach zu bestimmende, sternförmige Ähren. Seggen und Binsen sind in den Niedermooren der Vennhochebende die häufigsten Pflanzen.

Das relative Verhältnis zwischen den drei Pflanzengesellschaften im zentralen Teil der drei bedeutendsten Hochmoore basiert auf 20 Aufnahmen.
(R. Schumacker und P. De Zuttere, 1978):

Gesellschaft	Misten	Clefaye	Wallonisches Venn
Gesellschaft mit Mittlerem Torfmoos	1-5%	5-7%	5-25%
Gesellschaft mit Warzigem Torfmoos	5-25%	1-5%	50-75%
Variante mit Beinbrech	1-5%	-	25-50%
Gesellschaft mit Scheidigem Wollgras und Gekrümmtem Torfmoos	75-100%	75-100%	5-25%

Bei oberflächlichem Austrocknen des Hochmoores und/oder stark schwankendem Grundwasserspiegel (als Folge von Dränungen) kann das Mittlere Torfmoos nicht mehr gedeihen. Zusammen mit dem Rötlichen und dem Warzigen Torfmoos verschwindet es von der Bildfläche. Ihr Platz wird von einer weniger empfindlichen Torfmoosart eingenommen: vom Gekrümmten Torfmoos. Unter noch trockeneren Bedingungen, z.B. an der Spitze der höchsten Bulten, geschieht dies durch die Pflanzengesellschafts-Variante mit dem Rötlichen Torfmoos und der vorherrschenden Krähenbeere.

A.
Die Bulten werden von verschiedenen Moosarten gebildet:
Warziges Torfmoos,
Mittleres Torfmoos,
Rötliches Torfmoos,
Steifes Widertonmoos,
Hochmoor-Schlitzkelchmoos.
Das dicke Mooskissen wird von Scheidigem Wollgras verstärkt.

B.
In den nassen, mit Wasser oder Morast gefüllten Schlenken wächst:
Gekrümmtes Torfmoos,
Weiches Torfmoos,
Einseitswendiges Torfmoos,
Schmalblättriges Wollgras,
Weißes Schnabelried,
Rundblättriger Sonnentau.

C.
Auch Heidegewächse wachsen auf den dicken Mooskissen:
Moosbeere
Rosmarinheide
Glockenheide
Krähenbeere

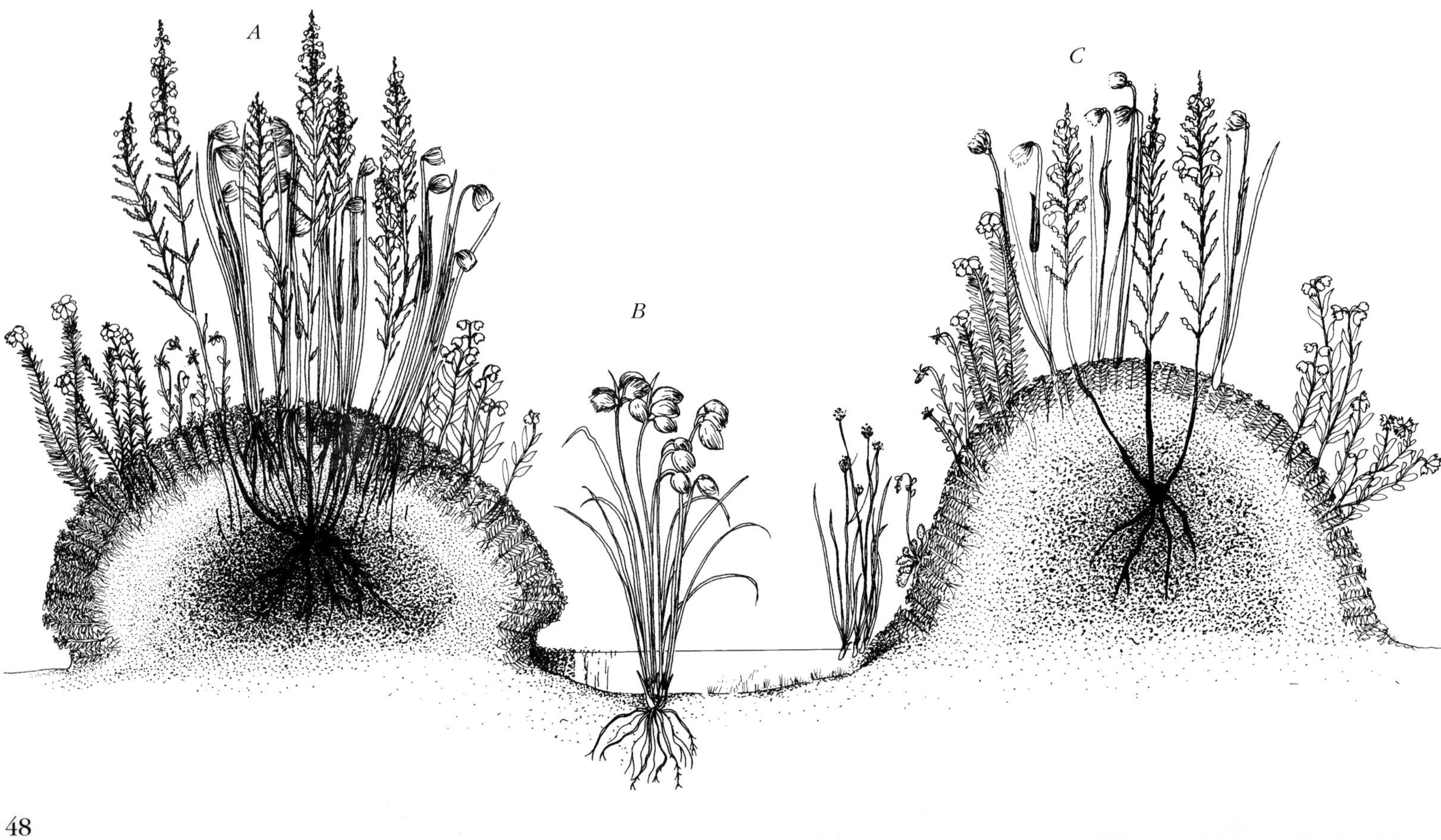

NATÜRLICHER WALD

Unterwuchs aus Blaubeere und Preiselbeere in einem natürlichen Eichen-Birkenwald. In diesen Wäldern bleiben umgestürzte Baumstämme und totes Holz liegen, die Natur beseitigt sie mit der Zeit von selbst.

Die nassen, aber untiefen Schlenken, die zwischen den dicken Moosbulten vorkommen, und die für ein lebendes Hochmoor kennzeichnend sind, sind in den Hochmooren des Naturschutzgebietes besonders selten geworden. Im Wallonischen Venn hat man in einer Zeitspanne von 50 Jahren einen Rückgang um 18% auf nur noch 2% ermittelt (M. N. Heyndrickx, 1989). An den Stellen wächst das Weiße Schnabelried (Rhynchospora alba) und der Rundblättrige Sonnentau (Drosera rotundifolia) in Gesellschaft einiger kleinerer Torfmoosarten, wie dem Weichen Torfmoos (Sphagnum tenellum od. molluscum) und dem Einseitswendigen Torfmoos (Sphagnum auriculatum). Zusammen bilden sie die Torfmoos-Schnabelried-Gesellschaft. Ein anderer Liebhaber der nassen Standplätze in den Hochmooren ist das Schmalblättrige Wollgras (Eriophorum angustifolium). Sein treuer Begleiter ist das Gekrümmte Torfmoos (Sphagnum apiculatum). Diese Wollgras-Torfmoos-Gesellschaft ist kennzeichnend für Schlenken in leicht gestörten Hochmooren mit einem stark schwankenden Wasserstand. Beide Gesellschaften sind Teil des Schnabelried-Verbandes (Rhynchosporion albae).

Moosbeere

DIE FLORA

Die MOOSBEERE (Vaccinium oxycocoos) ist ein typischer Bewohner der Torfmoosbulten. Es ist ein sehr kleiner, immergrüner kriechender Zwergstrauch, der zur Heidefamilie (Ericaceae) gehört. Mit seinen fadenförmigen Stengeln, die sich durch Nebenwurzeln festhalten, bildet dieser kleine Strauch ein sehr dichtes Netzwerk auf der Moosdecke. Die kleinen Blätter sind eiförmig mit zugespitztem Ende und stark eingerolltem Rand. Ihre Oberseite ist glänzend grün, die Unterseite blaugrün. Die Moosbeere blüht im Mai und Juni und hebt sich erst dann gut sichtbar vom Torfmoosteppich ab. Die rosaroten Blüten befinden sich am äußersten Ende der liegenden Stengel auf langen, roten Stielchen. In der Hälfte dieser Stengel befinden sich zwei winzig kleine Stengelblättchen. Der vierteilige, verwachsene Kelch ist klein und grün. Die rosarote Krone teilt sich beim Aufblühen in vier Zipfel, die zurückgeschlagen beinahe am Stengel anliegen. Dadurch werden die Staubgefäße mit ihren violetten Staubfäden und gelben Staubbeuteln sichtbar.
Nach der Bestäubung (durch Hummeln) wächst der unterständige Fruchtknoten zu einer roten, später dunkelroten Beere heran. Diese sauren Beeren bleiben meist den ganzen Winter über an den Sträuchern hängen. Sie sind erst nach dem ersten Frost genießbar, davor sind sie etwas herb. Der herbe Geschmack wird durch die in den Beeren vorhandene Benzoesäure verursacht, die sie vor dem Verderben schützt. Die Blätter der Moosbeere bieten den Raupen des Nördlichen Perlmutterfalters Nahrung.

Rosmarinheide

Die ROSMARINHEIDE (Andromeda polifolia) gehört, wie die Moosbeere, zu den typischen Hochmoorpflanzen. Sie wächst mit Vorliebe auf den Torfmoosbulten, solange diese nicht allzu hoch sind. Dieser immergrüne, aufrecht wachsende Zwergstrauch gehört auch zur Heidefamilie. Er hat längliche, lederartige Blättchen, die oberseitig dunkelgrün und unterseitig bläulich sind. Die Ränder der Blätter sind gerollt und die Mittelader liegt in einer Art Rille. Die Blüten, sowohl der Kelch als auch die Krone, sind rosarot. Zum Ende der Blütezeit verfärben sie sich porzellanweiß. Sie hängen an rosafarbenen, geknickten Stielchen. Die Blütenkrone ist bauchig, beinahe kugelrund und hat am Rand fünf kleine Kronenzipfel. Da Bienen und Hummeln seltene Besucher der Hochmoore sind, ist die Rosmarinheide mit einem Selbstbestäubungsmechanismus ausgestattet. An der Innenseite der Blütenkrone befinden sich feine Härchen, an denen der ausgereifte Blütenstaub hängenbleibt. Während der Blütezeit wächst der Stempel bis an den Rand der Blütenkrone hoch. Hierdurch kommt er in Kontakt mit den pollentragenden Härchen und die Befruchtung kann stattfinden. Aus dem oberständigen Fruchtknoten bildet sich eine braune Fruchtkapsel. Die beträchtlich großen Samen werden durch den Wind aus der Kapsel herausgeweht und so in der Umgebung verbreitet. Die Pflanze ist giftig. Sie enthält ein Di-Terpen, das Andromedotoxin, das auch beim Rhododendron vorhanden ist. Die Blätter werden dennoch (allerdings in geringem Umfang) vom Birkhuhn verzehrt.

Das Vorkommen der KRÄHENBEERE (Empetrum nigrum) beschränkt sich auf die trockensten Spitzen der Torfmoosbulte. Dieser sehr seltene Zwergstrauch gehört zur Krähenbeerenfamilie (Empetraceae). Er fällt durch seinen aromatischen Geruch und seine prächtigen, immergrünen glänzenden Blättchen auf. Sie sind linienförmig und haben stark eingerollte Ränder; sie erinnern an die Nadeln von Koniferen. Die Krähenbeere blüht im April und Mai. Die Blüten, es gibt männliche und weibliche, sind eher unauffällig. Sie sind Windblüter. Die glänzend schwarzen Steinfrüchte sind zu Beginn des Sommers reif und dienen vielerlei Vögeln als Futter. Unter den Liebhabern dieser mittelgroßen, saftigen Früchte muß u.a. das Moorschneehuhn genannt werden. Dieser Hühnervogel wurde am Ende des vorigen Jahrhunderts im Hohen Venn als Jagdwild ausgesetzt. Er wurde 1974 zum letzten Mal beobachtet (Devillers, P. et al., 1988).

TROCKENHEIT LIEBENDE PFLANZEN IM HOHEN VENN ?

Scheidiges Wollgras

Verschiedene Mitglieder der Heidefamilie (Ericaceae), und zwar die Moosbeere, die Rosmarinheide, die Preiselbeere sowie die mit ihnen engverwandte Krähenbeere zeigen einen deutlich xeromorphen (an die Trockenheit angepaßten) Aufbau: Sie haben holzige Stengel und kleine ledrige Blätter mit nach unten gerollten Rändern. Dennoch leben einige dieser Pflanzen in einem sehr feuchten Milieu, im Hochmoor. Eine Erklärung dafür bietet der mineralarme Boden, in dem sie wurzeln. Vor allem Stickstoff (N) und Phosphor (P), die für den Aufbau pflanzlicher Eiweiße von großer Wichtigkeit sind, sind in diesem Boden nur in äußerst geringen Mengen vorhanden. Um trotzdem ausreichend Nährstoffe aufzunehmen, arbeiten diese Pflanzen mit Pilzen zusammen. Es handelt sich dabei um eine Form von Symbiose, weil beide Organismen aus dem Zusammenleben Vorteile ziehen. Es ist eine Pilz-Wurzel-Symbiose (Mykorrhiza). Die Pilze, einige unauffällige Penicillium- und Mortierella-Arten, dringen in das Wurzelgewebe der Wirtspflanze ein und versorgen diese mit Stickstoff und Phosphor. Dank ihres umfangreichen Fadengewebes (Myzelium) können die Mykorrhiza diese Nährstoffe aus großen Entfernungen herbeiholen. Im Tausch dafür liefert die Wirtspflanze ihnen organische Verbindungen, die die Pilze selbst wegen des Fehlens von Chlorophyll nicht synthetisieren können. Die Wirtspflanze geht sehr sparsam mit den auf diese Weise erhaltenen Mineralien um und produziert nur so wenig Eiweißstoffe wie möglich. Das beschränkt natürlich die Menge an Baustoffen, jedoch ist auch das Wasserhaltevermögen der Pflanze gebremst. Eiweißmoleküle sind im übrigen stark hydrophil, d.h. sie binden Wasser. Der xeromorphe Bau (auch Peinomorphie, bzw. dem Mangel angepaßte Form genannt) dient also hauptsächlich, um die Verdampfung von innen heraus einzuschränken.

Das SCHEIDIGE WOLLGRAS (Eriophorum vaginatum) zieht vor allem im Mai und Juni durch seinen prächtigen, weißen Flaum die Blicke des Betrachters auf sich. Es gehört wie die Seggen zur Zyperngrasfamilie (Cyperaceae). Der dreikantige Stengel ist das gemeinsame Kennzeichen. Die obersten Stengelblätter besitzen keine Blattspreite. Sie haben nur eine leicht aufgeblähte Scheide (vaginatum = mit Scheide). Das Scheidige Wollgras wächst in dichten Büscheln oben auf den Torfmoosbulten im Hochmoor. Es blüht schon zu Beginn des Monats März. Das Scheidige Wollgras wird auch „Einköpfiges Wollgras“ genannt. Dies verweist darauf, daß es nur eine einzige aufrechtstehende Blütenähre am Ende des Stengels hat. Im Frühjahr dienen diese Ähren als Hauptnahrungsquelle für das Birkhuhn.

Das SCHMALBLÄTTRIGE WOLLGRAS (Eriophorum angustifolium) unterscheidet sich vom Scheidigen Wollgras dadurch, daß es mehrere (4 bis 12) Blütenähren besitzt. Darüber hinaus hat es, im Gegensatz zum Rest der Pflanzenfamilie, einen beinahe zylindrisch runden Stengel. Die Blätter schließen sich rinnenförmig rund um den Stengel und sind nach oben hin dreikantig. Diese Wollgrasart blüht erst im Mai. Die bei der Reife herunterhängenden grauweißen Flaumhaare erscheinen Ende Mai, Anfang Juni. Das Schmalblättrige Wollgras wächst mit Vorliebe auf sehr nassen Flecken in der Heide und im Moor, insbesondere im Niedermoor. Im Hochmoor beschränkt es sich auf die nassen Schlenken und sucht dort die Gesellschaft des Gekrümmten Torfmooses (Sphagnum apiculatum).

Das WEISSE SCHNABELRIED (Rhynchospora alba) gehört, ebenso wie das Wollgras, zur Familie der Zyperngräser (Cyperaceae). Es ist nur 15 bis 40 cm hoch und wächst in dichten Soden. Die feinen Blütenstiele tragen in den Blattachseln mehrere Blütenstände. Die Blütenstände selbst - kleine, weißliche Ähren - sind von einem linienförmigen Deckblatt begleitet, das etwa ebenso lang ist. Die Früchte laufen in ein schnabelförmiges Ende aus und geben der Pflanze ihren Namen (gr.: „rhynchos“ = Schnabel und „spora“ = Saat, Frucht). Das Weiße Schnabelried wächst mit Vorliebe auf nackten Torfböden und auch in den nassen, mit einer schwarzen Modderschicht bedeckten Schlenken des Hochmoors fühlt es sich zu Hause. Es blüht von Juni bis einschließlich August.

Schmalblättriges Wollgras

SUMPF-VEILCHEN

Dieses kleine Veilchen mit seinen nierenförmigen Blättern und seinen blaßblauen Blüten ist ein treuer Bewohner der Niedermoorsümpfe. Es ist die hauptsächliche Futterpflanze der Raupen einiger Perlmutterfalter, u.a. der des Braunfleckigen Perlmutterfalters.

VENN-KNABENKRAUT

In den sumpfigen Niedermooren der Hochebene ist diese prächtige Moor-Orchidee zu Hause. Auch das engverwandte Flecken-Knabenkraut kann man hier antreffen. Das Venn-Knabenkraut hat ungefleckte Blüten mit einer deutlich gewölbten Unterlippe.

FLEISCHFRESSENDE PFLANZEN IM HOCHMOOR

Eine Pflanze, die man unmittelbar mit dem nährstoffarmen und feuchten Hochmoor in Verbindung bringt, ist der Sonnentau. Angesichts der dort herrschenden Nährstoffarmut hat diese Pflanze ein geniales System entwickelt, dennoch ausreichend Nährstoffe aufnehmen zu können: Sie fängt Insekten. Die kleinen, je nach Art runden oder länglichen Blätter sind mit einer Art von Drüsenhaaren ausgestattet, die zwischen 1 und 5 mm lang sind. Am Ende dieser haarförmigen Fortsätze bzw. Tentakel wird tröpfchenweise eine klebrige Flüssigkeit ausgeschieden. Aus der Entfernung betrachtet, besonders bei sonnigem Wetter, gleichen diese Tropfen Tautropfen, und manches durstige Insekt läßt sich davon täuschen und anlocken. Wenn eine unvorsichtige Fliege oder Mücke einmal mit dieser klebrigen Flüssigkeit in Kontakt gekommen ist, ist ihr Los besiegelt. Diese „Tautropfen" enthalten Verdauungsenzyme, die in der Lage sind, tierische Eiweiße zu spalten und in einfache, verdaubare Verbindungen umzuformen. Diese Nährstoffe (Aminosäuren, Peptide) werden über die Tentakel sehr schnell zum Blatt transportiert und erreichen nach etwa 12 Stunden auch Stengel und Wurzeln. Nach einigen Tagen bleiben von den Opfern dieser Pflanzen nur noch die nichtverdaubaren Teile übrig, wie z.B. die Chitinhüllen. Das Blatt, das sich während des Verdauungsprozesses um das Insekt gerollt hatte, öffnet sich wieder und der Wind kann die leere Insektenhülle fortblasen. Der Fangmechanismus des Sonnentaus arbeitet sehr zielgenau. Opfer, die überlistet werden, sind: Fliegen, Mücken und Käfer. Selbst größere Insekten, wie Libellen und Schmetterlinge, können auf der Speisekarte stehen. Um diese jedoch verdauen zu können, muß die Pflanze sich all ihrer Fangmechanismen und allen Verdauungssaftes bedienen. Manchmal helfen auch die Nachbarpflanzen mit.

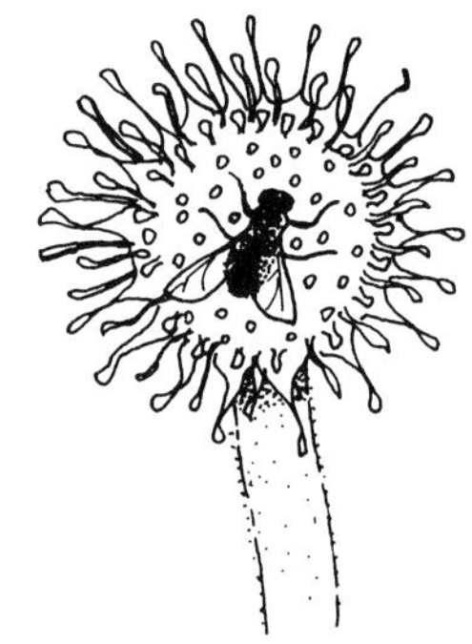

Eine Fliege hat sich von den glitzernden Tropfen des Sonnentaus verführen lassen.

In Europa kommen drei Sonnentauarten vor: der Mittlere, der Rundblättrige und der Langblättrige Sonnentau. Das Naturschutzgebiet des Hohen Venns beherbergt nur die ersten zwei Arten.

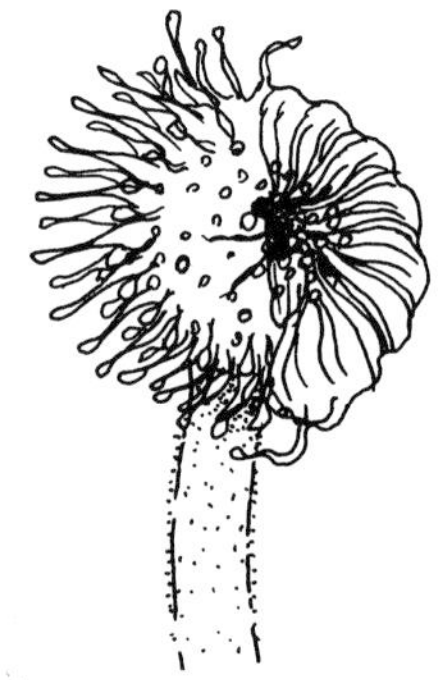

Nach und nach wird sie verdaut.

Der MITTLERE SONNENTAU (Drosera intermedia) besteht aus einer Rosette von langstieligen hochstehenden Blättern, die mehr oder weniger birnenförmig sind. Die weißen, fünffachen Blüten sind in einem ährenförmigen Blütenstand, einem Wickel, vereinigt. Dieser Wickel befindet sich am Ende eines an seinem Fuße umgebogenen Blütenstengels, der seitlich aus der Blattrosette herauswächst. Der Mittlere Sonnentau ist sehr selten im Hohen Venn. Er wächst am liebsten an Stellen, wo der Torfboden (meist durch häufiges Betreten) völlig kahl geworden ist. Dort sucht er die Gesellschaft des Weißen Schnabelrieds.

Der RUNDBLÄTTRIGE SONNENTAU (Drosera rotundifolia) besitzt eine Rosette von kreisrunden langstieligen Blättern, die sich weit auseinanderliegend auf der Moosdecke befinden. In der Mitte dieser Rosette entspringt ein aufrechtstehender Blütenstengel, der bis zu 20 cm hoch werden kann. Er trägt einen Wickel von fünffachen weißen Blüten. Sie blühen den ganzen Sommer über, von Mai bis August. Der Rundblättrige Sonnentau bevorzugt als Standort die Torfmoosbulte eines lebenden Hochmoores, die auch von Moosbeere und Rosmarinheide besiedelt werden. In leicht gestörten Hochmooren des Vennplateaus hält er sich lieber am Rande der Schlenken, in Gesellschaft des Weißen Schnabelrieds auf.

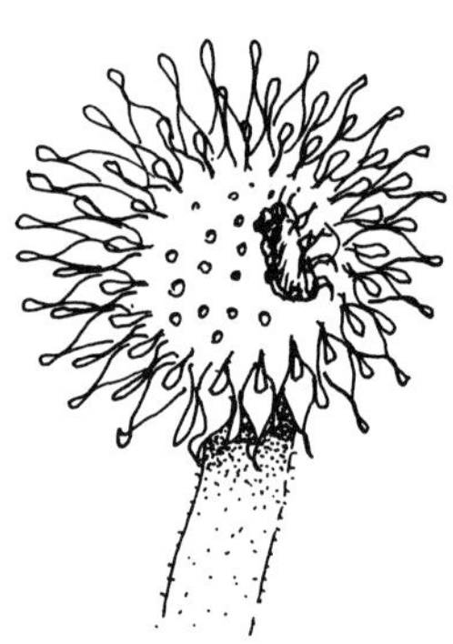

Nur die unverdauliche Chitinhülle bleibt von ihr übrig.
Das Sonnentaublatt bereitet sich auf einen neuen Fang vor.

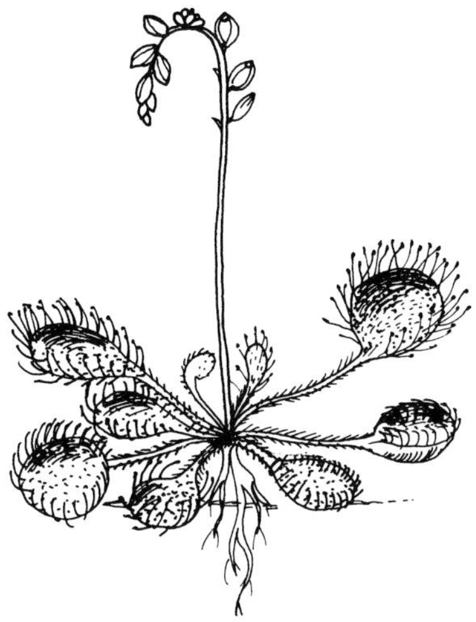

Möchten Sie wissen, wie schnell der Torfmoosteppich wächst?

Der Rundblättrige Sonnentau kann Ihnen darauf Antwort geben. Um in der Moosdecke nicht zu ersticken, ist dieser Sonnentau mit besonderen Überwinterungsknospen versehen. Im Frühling wachsen diese Knospen auf einem Stengel von einigen Zentimetern Länge über die Oberfläche des Torfmooses hinaus und entfalten dort eine neue Sonnentaurosette. Die Frühlingsblätter werden schnell vom weiterwachsenden Torfmoos bedeckt und sterben in der sauerstoffarmen Schicht, die sich direkt unter der Oberfläche befindet, ab. Die jungen Triebe entwickeln sich im gleichen Rhythmus wie die Moosdecke und bilden jedesmal neue Rosetten. Dank dieses schichtweisen Wachstums ist es möglich, die Wachstumsgeschwindigkeit des Torfmoosteppichs zu bestimmen. Die zähen Sonnentaustiele bleiben nämlich in der Moosschicht erhalten und können selbst zehn bis zwanzig Jahre später noch gefunden werden. Man hat so eine jährliche Wachstumsgeschwindigkeit von 7 bis 18,6 mm gemessen. (Hierbei verwechsele man nicht das Anwachsen des Torfmoosteppichs mit dem der Torfschicht, die durchschnittlich nur 1 mm jährlich anwächst.)

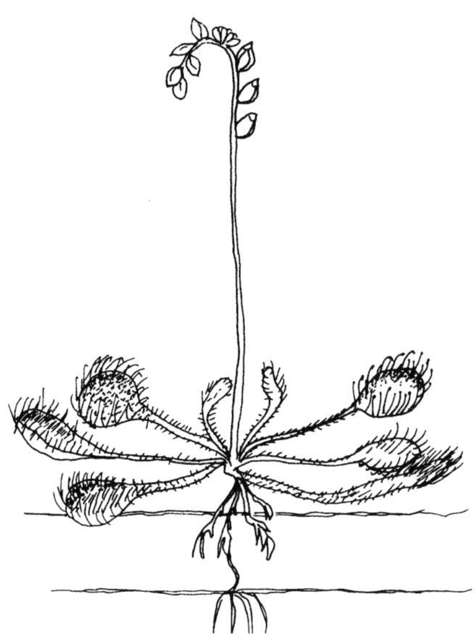

Die TORFMOOSE (Sphagnum div. sp.) gehören zu den Laubmoosen (Musci). Aufgrund ihrer Fortpflanzungsweise gehören sie zusammen mit den Lebermoosen (Hepatica) zu den echten Moosen (Bryophyta). Es besteht nicht nur eine einzige Art Torfmoos, nein, es gibt eine große Anzahl von Torfmoosarten, die in ihrem Aufbau verschieden sind. Um sie alle voneinander unterscheiden zu können, muß man bestimmte mikroskopische Kennzeichen bestimmen. Es ist jedoch auch möglich, eine kleinere Anzahl von Torfmoosen aufgrund von äußerlichen Kennzeichen in der freien Natur zu bestimmen. Auch der Standort, der für jede Art charakteristisch ist, kann Hinweise auf die Artbezeichnung geben.
Das MITTLERE TORFMOOS (Sphagnum magellanicum) ist ein ziemlich kräftiges Torfmoos, das hohe Bulten im lebenden Hochmoor bildet. Es hat eine dunkelrote bis schmutzig-purpurne Färbung, die Spitzen sind etwas dunkler als die Stengel.
Das RÖTLICHE TORFMOOS (Sphagnum rubellum) ist ein eher zartes Torfmoos, das meistens gleichmäßig hellrot gefärbt ist. Es wächst in Gesellschaft des Mittleren Torfmooses und des Warzigen Torfmooses.
Das WARZIGE TORFMOOS (Sphagnum papillosum) ist eine sehr kräftige Pflanze, die sich von den vorher erwähnten Arten durch ihre braunschwarzen Stengel unterscheidet. Die Blätter sind im Sommer glänzend grün und im Winter gelbbraun.
Das GEKRÜMMTE TORFMOOS (Sphagnum apiculatum) ist eine hellgrüne Torfmoosart mit braunen Spitzen. Es wird vor allem an nassen Standorten vorgefunden. Wenn man diese Torfmoospflanze in die Hand nimmt, ziehen sich die stark zugespitzten Deckblätter zusammen und krümmen sich.

DIE FAUNA

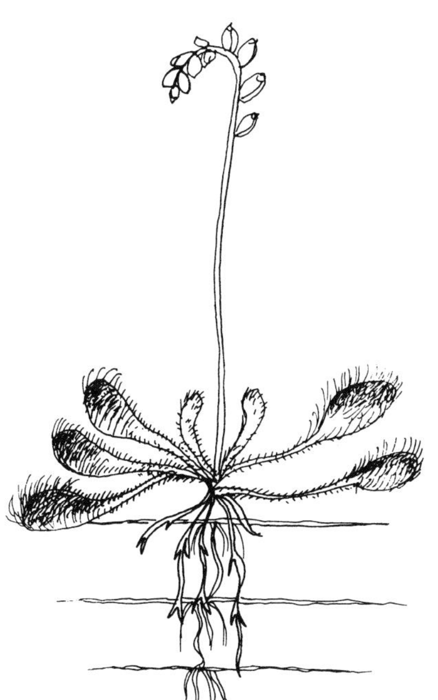

Die Fauna der Hochmoore ist eher bescheiden und zählt nur wenige Arten. Doch die dort lebenden Tiere haben sich derart an die kaltfeuchte Umgebung angepaßt, daß man sie woanders vergeblich suchen wird. Die meisten sind äußerst selten und vom Aussterben bedroht.

INSEKTEN IM HOCHMOOR

Unter den typischen Hochmoor-Bewohnern befindet sich eine große Anzahl von Insekten, von denen wiederum die Libellen die artenreichsten sind. Ein Teil von ihnen hat sein Verbreitungsgebiet in nördlicher gelegenen Gebieten, d.h. in Nordeuropa unterhalb des Polarkreises (boreale Arten) oder auf der Höhe desselben und in der Tundra (subarktische Arten). Weiter südlich sind diese Libellenarten nur in entsprechenden klimatischen Gebieten anzutreffen, wie in den Mittelgebirgen (subalpine Arten) oder im Hochgebirge (alpine Arten). Die Arten, die in beiden Gebieten vorkommen, nennt man boreo-subalpine oder subarktisch-alpine Arten. Der Einfachheit halber rechnet man sie zu den zirkumboreal-alpinen Arten.

Eine typische Libellenart unserer Hochmoore ist die HOCHMOOR-MOSAIKJUNGFER (Aeschna subarctica). Ihr Lebensraum erstreckt sich bis weit über den nördlichen Polarkreis hinaus. Diese große Libelle fliegt von Anfang Juni bis einschließlich September im Hochmoor. Das Weibchen legt seine Eier in das lebende Torfmoos. Eine andere, eng verwandte und weniger seltene Art ist die TORF-MOSAIKJUNGFER (Aeschna juncea). Ihr Verbreitungsgebiet stimmt im wesentlichen mit dem der Hochmoor-Mosaikjungfer überein, jedoch kommt die Torf-Mosaikjungfer auch im Gebirge (Alpen und Pyrenäen) vor. Während des Fluges sind diese beiden Arten kaum

PERLMUTTERFALTER

Von den drei Perlmutterfaltern, die auf das Sumpf-Veilchen und den Schlangenknöterich fliegen, ist der Braunfleckige Perlmutterfalter der häufigste Besucher.

SCHLANGEN-KNÖTERICH

Diese kleine Pflanze bringt ab Juni mit ihren rosafarbenen Blütenähren etwas Farbe in die Moorsümpfe. Der dicke, zweimal gekrümmte Wurzelstock wurde früher wegen seiner Ähnlichkeit mit Schlangen gegen Bisse der Kreuzotter verwendet.

LIBELLENFAUNA DES HOHEN VENNS

WISSENSCHAFTLICHER NAME	*DEUTSCHER NAME*	*STANDORT*	*VERBREITUNGSGEBIET*
Aeschna cyanea	*Blaugrüne Mosaikjungfer*	-	-
Aeschna juncea	*Torf-Mosaikjungfer*	+	*S*
Aeschna mixta	*Herbst-Mosaikjungfer*	-	-
Aeschna subarctica	*Hochmoor-Mosaikjungfer*	++	*S*
Coenagrion hastulatum	*Speer-Azurjungfer*	+	*A*
Coenagrion lunulatum	*Mond-Azurjungfer*	-	-
Coenagrion puella	*Hufeisen-Azurjungfer*	-	-
Cordulia aenea	*Gemeine Smaragdlibelle*	+	-
Enallagma cyathigerum	*Becher-Azurjungfer*	-	*S*
Lestes dryas	*Glänzende Binsenjungfer*	+	-
Lestes sponsa	*Gemeine Binsenjungfer*	-	-
Lestes virides	*Weidenjungfer*	-	-
Leucorrhinia dubia	*Kleine Moosjungfer*	+	*A*
Libellula depressa	*Plattbauch-Libelle*	-	-
Libellula quadrimaculata	*Vierfleck-Libelle*	-	-
Orthetrum coerulescens	*Kleiner Blaupfeil*	-	-
Pyrrhosoma nymphula	*Frühe Adonislibelle*	-	-
Somatochlora arctica	*Arktische Smaragdlibelle*	++	*A*
Sympetrum danae	*Schwarze Heidelibelle*	+	*S*
Sympetrum flaveolum	*Gefleckte Heidelibelle*	-	-
Sympetrum pedemontanum	*Gebänderte Heidelibelle*	-	*M*
Sympetrum sanguineum	*Blutrote Heidelibelle*	-	-
Sympetrum vulgatum	*Gemeine Heidelibelle*	-	-

Standort:
++ = ausschließlich an das Hochmoor gebundene Arten
+ = Arten, die sich gern im Hochmoor aufhalten, aber auch woanders vorkommen
- = nicht an das Hochmoor gebundene Arten

Verbreitungsgebiet:
A = zirkumboreal-alpine Arten
S = subarktische Arten
M = montane Arten
- = Arten, bei denen der Kern des Verbreitungsgebietes auf der Höhe unseres Gebietes liegt

Seltenheit:
die durch Unterstreichung gekennzeichneten Arten sind sehr selten im Gebiet des Hohen Venns

voneinander zu unterscheiden; früher wurden sie selbst als eine einzige Art betrachtet. Sie haben beide eine auffallende Zeichnung: Der Hinterleib hat eine dunkelbraune bis schwarze Farbe und ist mit großen blauen und kleinen grünen Flecken beim Männchen und gelben Flecken beim Weibchen besetzt. Bei der Hochmoor-Mosaikjungfer sind die farbigen Flecken kleiner, wodurch diese Libellenart dunkler erscheint. Das Weibchen der Torf-Mosaikjungfer legt seine Eier in vielerlei Seggenarten, sowohl im Hochmoor wie auch in den Niedermooren, ab.

Eine kleinere Libellenart mit auffallender Färbung ist die KLEINE MOOSJUNGFER (Leucorrhinia dubia). Der Hinterleib des Männchens zeigt eine typische rot-schwarze Zeichnung. Bei den Weibchen sind diese Flecken eher orange-gelblich. Sie sind leicht mit der FRÜHEN ADONISLIBELLE (Pyrrhosoma nymphula) zu verwechseln, die in der Nähe von kleinen Wasserlachen und Moorbächen umherfliegt. Sie ist etwa ebenso groß wie die davor genannte, ungefähr 35 mm, und trägt dieselbe rot-schwarze Färbung. Jedoch handelt es sich hierbei um eine Wasserjungfer. Wasserjungfern fliegen langsam und nicht sehr hoch. Sie falten in Ruhestellung die Flügel über ihrem Hinterleib zusammen und halten sie schräg nach hinten. Libellen dagegen haben in Ruhestellung ihre vier Flügel seitlich vom Körper weggespreizt. Ihr Flug ist sehr kraftvoll, sie können unerwartet wenden, langsam rückwärts fliegen und in der Luft stillstehen, wobei die Flügel ein auffälliges, knisterndes Geräusch machen. Die Larven der Kleinen Moosjungfer entwickeln sich vorzugsweise in den nassen Schlenken des Hochmoors, aber auch in kleinen Tümpeln oder in Niedermooren.

Eine andere Wasserjungfer, deren Larven sowohl im Hoch- wie auch im Niedermoor leben, ist die SPEER-AZURJUNGFER (Coenagrion hastulatum). Die Körper der erwachsenen Männchen sind grünlich-blau mit schwarzen Flecken, die der Weibchen grünlich-gelb mit schwarz. Sie fliegen von Mai bis September. Die Eier werden stets in der Schnabelsegge (Carex rostata) abgelegt, die in den nährstoffarmen Niedermooren oder am Rand des Hochmoores häufig zusammenhängende Pflanzenteppiche bildet. Die Speer-Azurjungfer ist eine typische zirkumboreal-alpine Art, die im südlichen Teil ihres Verbreitungsgebietes noch in einer Höhe von 1900 m angetroffen werden kann.

Schließlich muß noch eine letzte, ausschließlich im Hochmoor lebende Libellenart genannt werden: die ARKTISCHE SMARAGDLIBELLE (Somatochlora arctica). Sie fliegt ab Mitte Juni bis Mitte September. Der Hinterleib beider Geschlechter ist schwarzbraun und hat kaum auffallende, gelbe Flecken. An der Basis der durchscheinenden Flügel befindet sich oft ein gelber Fleck. Diese sehr seltene, relativ kleine Libellenart kommt hauptsächlich in Nord- und Mitteleuropa vor, weiter südlich nur in großer Höhe (bis 2000 m). In den letzten Jahren hat man eine starke Verbreitung nach Westen festgestellt.

Arktische Smaragdlibelle

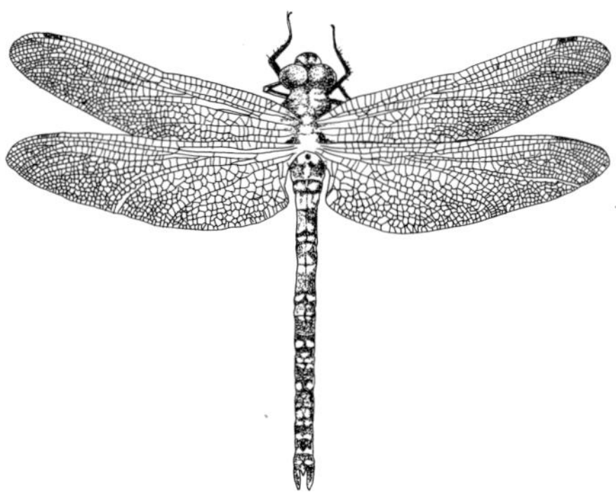

Arktische Smaragdlibelle

Wirkliche Libellenliebhaber kommen jedoch erst in der Umgebung der früheren Palsen bzw. Frosthügel zum Zuge. In diesen Überresten der letzten Eiszeit hat sich schon früh eine Hochmoorvegetation entwickelt. In einigen Palsen wurde lange Zeit Torf gestochen, so daß echte Tümpel mit offenem Wasser zurückblieben. Diese Seen beherbergen eine sehr variantenreiche und außergewöhnliche Libellenbevölkerung. Zwei auffallende Arten sind u.a. der PLATTBAUCH (Libellula depressa) und die VIERFLECKLIBELLE (Libellula quadrimaculata). Diese beiden Arten echter Libellen lassen sich schon aus der Entfernung bestimmen. Die Plattbauch-Libelle ist anhand des flachen, sehr breiten Bauches und des mit orangefarbenen Flecken blauberingten Hinterleibes des Männchens zu erkennen. Die Vierfleck-Libelle läßt sich wegen ihres auffallenden Fleckenmusters (4) auf den Flügeln gut erkennen. Es sind zwei allgemein vorkommende Arten, wobei sich das Zentrum ihres Verbreitungsgebietes in unseren Breitengraden befindet.

Eine Schmetterlingsart, die nur im Hochmoor zu finden ist, ist der NÖRDLICHE PERLMUTTERFALTER (Boloria aquilonaris). Die Raupen dieses kleinen Schmetterlings verbringen die gesamte Winterperiode in den dicken Moosbulten des Hochmoors. Im Frühjahr ernähren sie sich von den jungen Stengeln der Moosbeere. Ab Beginn Juni verpuppen sich die ausgewachsenen Raupen und werden zu Faltern. Um den Sommerbeginn legen die Weibchen ihre Eier, und kurz darauf schlüpfen die jungen Raupen aus. Diese suchen einen Torfmoosbult auf und begeben sich sofort zur Winterruhe. Der Nördliche Perlmutterfalter ist eine subarktisch-alpine Art. Er kommt in den kühleren Gebieten Europas vor (Skandinavien, Finnland, etc.). Die Südgrenze seines Areals verläuft durch Frankreich, die Schweiz und Österreich, wo er sich hauptsächlich auf Hochebenen und Gebirge bis 1800 m Höhe beschränkt.

Wollgras und Schnabelsegge bilden für eine andere Schmetterlingsart die Nahrungsquelle: für den GROSSEN HEUFALTER (Coenonympha tullia tullia). Dieser orange-braune Schmetterling hat, wie alle Augenfalter (Satyridae), ausgeprägte Augenflecken auf den Flügeln. Er hat nur einen Flecken auf der Oberseite der vorderen Flügel und drei auf der Oberseite der Hinterflügel. An der Unterseite befinden sich zwei bzw. sieben Flecken auf den Vorder- und den Hinterflügeln. Der Große Heufalter fliegt während der Monate Juni und Juli im Hochmoor. Sein Verbreitungsgebiet stimmt im großen und ganzen mit dem der vorher genannten Art überein.

Auch die Larven der HOCHMOOR-SCHWEBFLIEGE (Scricomyia silentis) leben im Torfmoos des Hochmoors. Diese Larven haben (ebenso wie die Rattenschwanzlarven) eine lange Atemröhre. Mit deren Hilfe atmen sie beim Aufenthalt im Fasermaterial des Hochmoores, das sich im Zersetzungsprozeß befindet. Die ausgewachsenen, relativ großen Schwebfliegen haben einen schwarzen, orange-gelb gestreiften Hinterleib. Sie fliegen von Beginn Mai bis Beginn Oktober und sammeln Nektar von Blumen, vor allem von Doldengewächsen. Das Summen dieser Schwebfliegen klingt sehr melodiös. Aus ihrem früheren wissenschaftlichen Namen „Sericomya borealis" läßt sich ableiten, daß es sich hier gleichfalls um eine boreale Art handelt.

REPTILIEN UND AMPHIBIEN IM HOCHMOOR

Die WALDEIDECHSE (Lacerta vivipara) ist ein Bewohner nasser, mooriger Heideflächen, aber auch im feuchten Hochmoor ist sie überall verbreitet. Ihren wissenschaftlichen Namen verdankt sie der Tatsache, daß die Jungen unmittelbar nach der Eiablage vollkommen entwickelt aus dem Ei schlüpfen. Die Tiere werden - mit Schwanz - etwa 16 bis 18 cm lang. Der Rücken ist meistens braun mit dunklen Streifen und schwarzen Flecken, kann aber auch rotbraun oder grau sein. Die Männchen haben einen orangefarbenen oder roten Bauch mit schwarzen Flecken, bei den Weibchen ist der Bauch hellgelb oder beigefarben und ohne Fleckenmusterung. Von März an verläßt die Waldeidechse ihren frostfreien Unterschlupf, in dem sie ihren Winterschlaf gehalten hat. Sie bleibt bis Beginn Oktober aktiv, danach sind die Temperaturen im allgemeinen zu niedrig und sie sucht ihren sicheren Unterschlupf wieder auf. Sie ernährt sich vor allem von kleinen Spinnen und Insekten. Die Waldeidechse verliert ihren Schwanz, wenn sie von einem Raubtier bedroht wird („Autotomie" = Selbstamputation). Das abgetrennte Schwanzstück schlängelt noch einige Zeit lang weiter und lenkt dadurch den Verfolger ab. Nach der Amputation wächst der Schwanz wieder nach. Vor allem zum Ende der Aktivitätsperiode vermeide man, die Waldeidechse in die Hand zu nehmen, da nämlich für die Zeit des Winterschlafes im Schwanz Fettreserven angelegt werden.

EINE BESCHEIDENE FAUNA

Viele Frosthügelüberreste, kreisförmige, von einem Erdwall umgebene Vertiefungen, wurden früher abgetorft. Dadurch entstanden viele kleine Moorseen, die eine bescheidene Fauna beherbergen. Neben Wasserpflanzen, Käfern, Spinnen und Libellenlarven sind auch Berg- und Fadenmolche hier heimisch.

SUMPF-FIEBERKLEE

Diese unter Naturschutz stehende Pflanze mit ihren ins Rötliche gehenden weißen Traubenblüten und den kennzeichnenden dreifachen Blättern wächst im Hohen Venn in den mehr oder weniger nährstoffreichen Tümpeln. Die relativ schweren Samen treiben auf dem Wasser und werden so verbreitet.

Der GRASFROSCH (Rana temporaria) kommt in sehr verschiedenen Biotopen vor. Er schreckt nicht davor zurück, seine Eier in einer nassen Schlenke des Hochmoores abzulegen. Die Farbe dieser häufig vorkommenden Froschart kann sehr unterschiedlich (grau, braun, gelb, ...) sein. Direkt hinter den Augen, über dem Trommelfell, befindet sich ein deutlicher, dunkler Fleck. Die Männchen haben in der Fortpflanzungsperiode kräftige Vorderbeine und können eine bläuliche Kehle haben. Die Nahrung des Grasfrosches besteht vor allem aus Insekten. Diese werden mit Hilfe der klebrigen Zunge, die blitzschnell hervorschießt, gefangen. Ehe das menschliche Auge diesen Vorgang erfassen kann, ist die Zunge schon wieder eingezogen und das gefangene Insekt im Froschmagen verschwunden.

VÖGEL IM HOCHMOOR

Das BIRKHUHN (Tetrao tetrix L.) ist ein seltener, aber doch regelmäßiger Brutvogel des Hohen Venns. Das Birkhuhn wird als typischer Heidevogel bezeichnet, obwohl sein eigentlicher Lebensraum vor allem das Hochmoor und moorige Birkenwälder umfaßt. Erst als die natürlichen Hochmoore in ganz West-Europa in großem Maßstab abgegraben und vernichtet wurden, suchten die Birkhühner ihr Glück in den vom Menschen geschaffenen halbnatürlichen Landschaften, den Heidegebieten. Das Birkhuhn war schon zu prähistorischen Zeiten auf den Hochflächen der Ardennen beheimatet. Die Ausweitung seines Lebensraumes auf die Heidegebiete Limburgs und Antwerpens fand erst am Ende des vorigen Jahrhunderts statt. Das ursprüngliche Lebensgebiet des Birkhuhns war die eiszeitliche Taiga mit vielen Heidegewächsen und vereinzelten Birken oder Nadelbäumen. Dieser mit einem gut isolierenden, sogar die Beine bedeckenden Federkleid ausgestattete Rauhfuß-Hühnervogel fühlte sich in einer derartigen Landschaft zuhause. Sein besonders großer, doppelter Blinddarm, sowie seine spezielle, die Holzverdauung ermöglichende Darmflora sorgen dafür, daß das Birkhuhn bei einem kargen Speisezettel aus Heidepflanzen überleben kann. Als das Klima sich nach der letzten Eiszeit veränderte, siedelten die zurückgebliebenen Birkhühner sich bei uns in den durch überreichlich vorhandenes Regenwasser entstandenen Hochmooren an. Dort taten sie sich an Moosbeeren, Krähenbeeren und vor allem an den Blütenähren des Scheidigen Wollgrases gütlich.

Der Blütenstaub dieser Wollgrasart ist besonders eiweißreich, und diese Nahrung erlaubt es den Hennen, ein gutes Gelege zu erzielen.

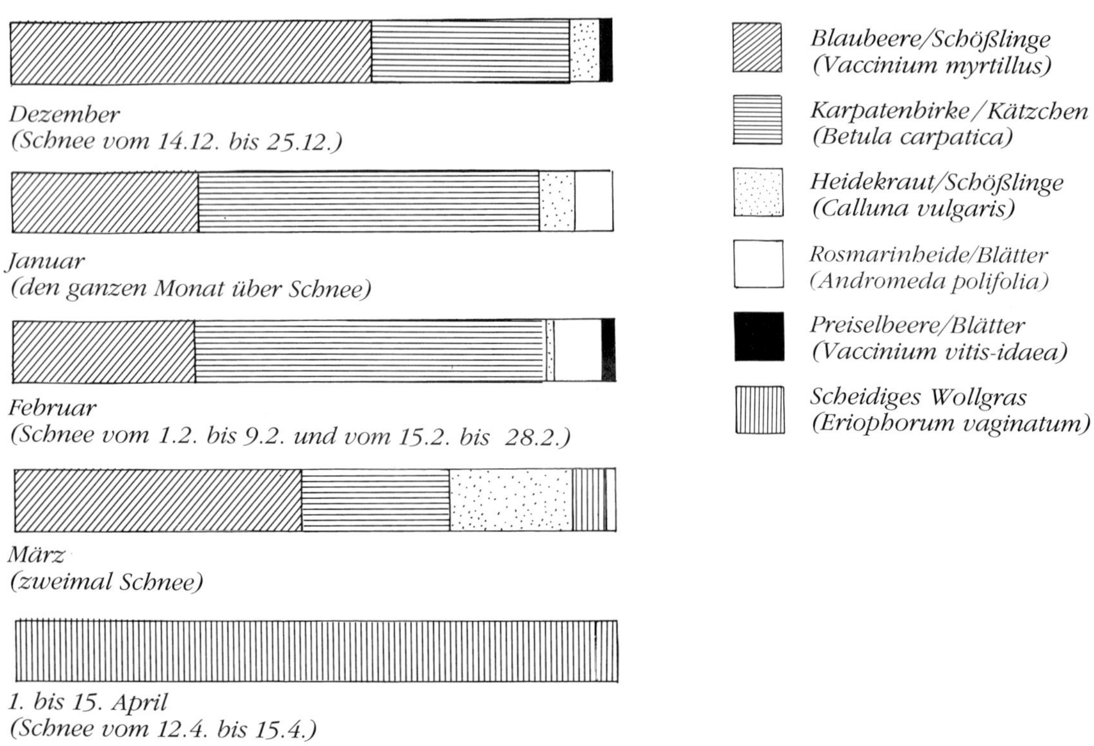

Vor kurzem durchgeführte Untersuchungen (Renard, F., 1988) wiesen nach, daß die Frühjahrsnahrung des heutigen Birkhuhns noch immer zum großen Teil aus Scheidigem Wollgras besteht. Im Winter frißt es neben einigen wenigen Blättern der Rosmarinheide hauptsächlich Schößlinge oder Blätter der Heidelbeere, der Preiselbeere, des Heidekrautes und Kätzchen der Karpatenbirke (Betula carpatica). Diese Birkenkätzchen sind ebenfalls sehr eiweißreich (hauptsächlich wasserlösliche Albumine). Das Birkhuhn erreicht sie, indem es auf den dünnen Zweigen der Bäume balanciert. Besonders wenn alle sonstige Nahrung von einer dicken Schneeschicht bedeckt ist, bedient sich das Birkhuhn dieser einzigen verfügbaren Nahrungsquelle. Die Untersucher stellten durch direkte Observation der Eßgewohnheiten des Birkhuhns fest, daß auch andere Nahrungsquellen genutzt werden: Knospen und Früchte der Eberesche, Birkenknospen, Schößlinge der Rauschbeere, verdorrte Blüten der Glockenheide, Früchte der Moos- und der Preiselbeere. Dennoch brachte die verwendete Analysemethode (das Analysieren des Auswurfes mit Hilfe einer binocularen Lupe mit 12facher Vergrößerung) diese Nahrungsstoffe nicht ans Licht. Im Sommer wird auch tierische Nahrung aufgenommen: Ameisenpuppen, Insekten, Schnecken usw. Des weiteren nascht dieser Vogel von allem, was an pflanzlicher Kost zu finden ist.

Im Winter schützen sich die Birkhühner auf originelle Weise vor Schnee und Frost. Sie lassen sich von einem Baum in den Schnee fallen und graben sich in die so entstandene Kuhle vollständig ein. Auf diese Weise entsteht eine Art Iglu mit einem Eingang und einer „Nesthöhle", in der die Temperatur konstant um - 5° C bleibt. Hier verbringen die Birkhühner den größten Teil des Tages und die Nacht (insgesamt 21 bis 22 Stunden). Nur morgens verlassen sie ihren Iglu und gehen während ein bis zwei Stunden auf Nahrungssuche. Werden Birkhühner von unvorsichtigen Skiläufern gestört, die von den zugelassenen Pisten abgewichen sind, sind die Folgen für das Tier oft dramatisch. Das Birkhuhn flüchtet an einen ruhigeren Platz und verbraucht dabei viel Energie. Wiederholen sich diese Störungen, ohne daß der Vogel seinen Energieverlust durch Nahrungsaufnahme kompensieren kann, ist er dem Tode ausgeliefert.

Die Hähne und Hennen leben während des größten Teils des Jahres über getrennt, nur im Winter bilden sie gemischte Gruppen. Im Frühling (April, Beginn Mai) treten sie auf weite Flächen zur Balz hinaus. Dem Fortpflanzungsakt geht ein eindrucksvolles Spektakel voraus. Jedes der prächtigen blauschwarzen Männchen springt innerhalb seines eng bemessenen Territoriums auf und nieder, spreizt seine Schwingen, läuft im Kreis herum und stellt seinen weißen leierförmigen Schwanz - wie einen aufgeklappten Fächer gespreizt - zur Schau. Die blutroten Augenbrauen schwellen an und die aufgeregten Hähne geben allerlei bizarre Töne von sich: Zischen, Fauchen und vor allem Kullern. Dieses manchmal kilometerweit zu hörende Kullern dient dazu, die Weibchen anzulocken. Es besteht aus einer Serie von schnellen, kollernden Geräuschen, die das Männchen mit stark geschwollenem und waagerecht gestrecktem Hals ausstößt, es „macht die Flasche". Sobald die paarungsbereite Henne in braungeflecktem Tarnkleid auf dem Kampfplatz erscheint, erregen sich die Hähne mehr und mehr mit Sprüngen, Schreien und Scheingefechten. Das zornigste Männchen wird schließlich von der „Dame" als Partner erwählt. Nachdem das Weibchen befruchtet ist, kehrt es ins Heidegebiet oder Hochmoor zurück, wo es in einer kleinen Höhlung, zwischen Heide- oder Blaubeersträuchern versteckt, die Eier legt. Jedes Weibchen produziert pro Jahr meist nur ein einziges Gelege von 6 bis 8 Eiern, bei Mißerfolg legt die Henne manchmal ein zweites Mal. Im Juni schlüpfen die Küken nach einer Brutperiode von ungefähr 25 Tagen aus. Schon nach drei Wochen sind sie flugfähig. Und - mit etwas Glück, wenn sie nicht dem einen oder anderen Feind (Eichelhäher, Rabenkrähe usw.) zum Opfer fallen, sind sie zu Ende August, Beginn September in der Lage, selbst auf Nahrungssuche zu gehen.

Die besondere Lebensweise, der spezifische Lebensraum und die Ernährungsgewohnheiten bewirken, daß das Birkhuhn eine stark gefährdete Vogelart ist. In den letzten 15 Jahren hat man einen erschreckenden Rückgang der Birkhuhnpopulation im Hohen Venn festgestellt. Als Ursachen dafür werden der stets zunehmende Erholungs- und Freizeitbetrieb in diesem Heide- und Moorgebiet und die starke Flächenverminderung der typischen Landschaften des Birkhuhn-Lebensraumes (durch Vergrasung der Heideflächen und Austrocknung des Moores) angesehen.

Andere Ursachen werden im wechselhaften Klima gesucht. Ein strenger Winter verursacht eine hohe Sterberate bei den jungen und ganz alten Vögeln, während ein kalter, nasser Sommer oft die einzige Birkhuhnbrut mißlingen läßt. Außerdem haben sich seit einiger Zeit die natürlichen Feinde des Birkhuhns (Fuchs, Habicht, Rabenkrähe usw.) stark vermehrt.

TORFMOOSE

Torfmoose spielen eine wichtige Rolle für den Wasserhaushalt der Hochmoore. Dank großer, lebloser Zellen, die als Wasserspeicher dienen, können sie große Mengen Wasser aufnehmen. Deshalb vergleicht man Torfmoose auch häufig mit Schwämmen.

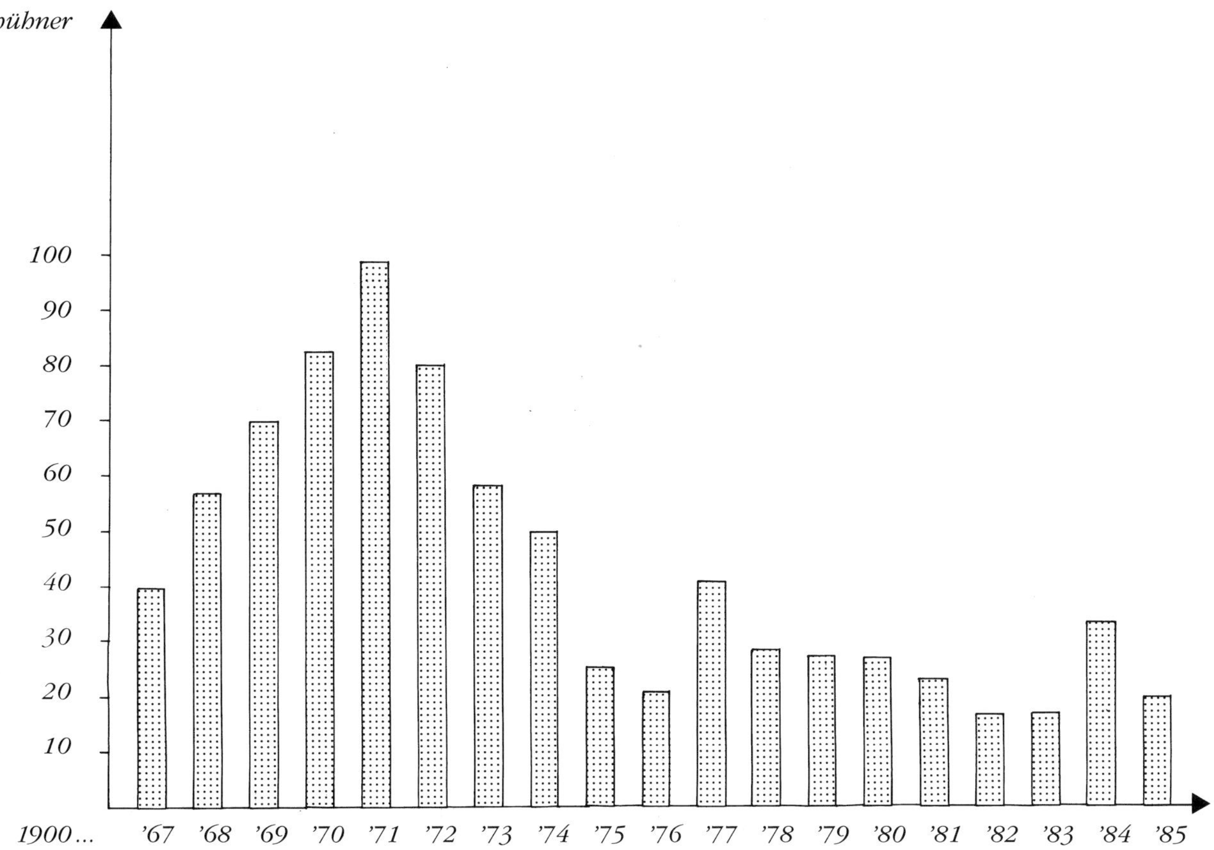

Resultat der jährlichen Zählungen der Birhuhnpopulation im Hohen Venn: Zwischen 1967 und 1985 wurden die Birkhühner auf den verschiedenen Balzplätzen im Hohen Venn alljährlich gezählt.

In den Jahren von 1967 bis 1985 hat man die Birkhuhnpopulation im Hohen Venn jährlich gezählt. Nach dem starken Rückgang von 1972 nahm die Anzahl nach der gelungenen Brutsaison von 1976 wieder zu. Von 1977 bis 1982 ging es neuerlich bergab, doch der warme Sommer von 1983 sorgte wieder für eine leichte Zunahme. Seit vier Jahren werden die Balz- und Brutgebiete während der Monate Mai und Juni abgesperrt. Dadurch können diese scheuen Brutvögel ihre Eier ausbrüten und ihre Küken großziehen, ohne von neugierigen Naturliebhabern oder Naturfotografen gestört zu werden. Auch wir erhielten keine Genehmigung, die Birkhühner des Hohen Venns zu fotografieren. Dank der Meisterhand der Naturzeichnerin Rita Teerlinck konnten diese seltenen und unter Naturschutz stehenden Vögel dennoch abgebildet werden.

Doch trotz dieses Schutzes nahm die Birkhuhnpopulation in den letzten Jahren weiter ab. Es ist zu hoffen, daß die neuen Schutzmaßnahmen, wie z.B. Mähen und Plaggen, eine Lösung für den Erhalt dieser bedrohten Vogelart bieten werden.

PFLANZEN- UND TIERWELT DER NIEDERMOORE

In den Niedermooren, insbesondere den Hangmooren, sorgt das abfließende Quell- bzw. Flußwasser für eine konstante Feuchtigkeit. Wegen dieses hohen Feuchtigkeitsgehaltes ist die Luft- und Bodentemperatur stets sehr niedrig. Im Gegensatz zu den Hochmooren herrscht hier im allgemeinen kein Mangel an Mineralien. Eine Ausnahme bildet nur der Stickstoff, der aber in der Natur nie in hohem Maße vorhanden ist, - es sei denn an stark gedüngten Stellen. Der im Niedermoor nicht vorhandene Mineralmangel bewirkt eine artenreiche Flora und Fauna.

DIE GROSSEN VEGETATIONSEINHEITEN

An den die kleinen Quellen oder die Oberläufe der Moorbäche umgebenden Stellen mit schlechter Wasserabfuhr haben sich Niedermoore gebildet. Es handelt sich dabei meistens um Hangmoore (soligene Moore). Auch am Rande der (ombro-soligenen) Hochmoore gibt es solche Niedermoorsümpfe. In diesen Randzonen mit einer relativ dünnen Torfschicht vermischt sich seitlich aus dem Hochmoor abfließendes mineralarmes Regenwasser mit nährstoffreichem Wasser, das von den Hängen kommt. Als Folge davon haben sich saure kleine Niedermoore gebildet, mit an erster Stelle allerlei kleinen Seggenarten und Binsen. Die Wiesen-Segge

VIERFLECKLIBELLE

Zwischen Mai und August ist die Vierflecklibelle in den Mooren häufig zu sehen. Wie alle Libellen hält sie die Flügel auch im Sitzen abflugbereit ausgestreckt. Es handelt sich um eine besonders in den Morgenstunden sehr aktive Art, die ihr Territorium angriffslustig gegen andere Libellenmännchen verteidigt.

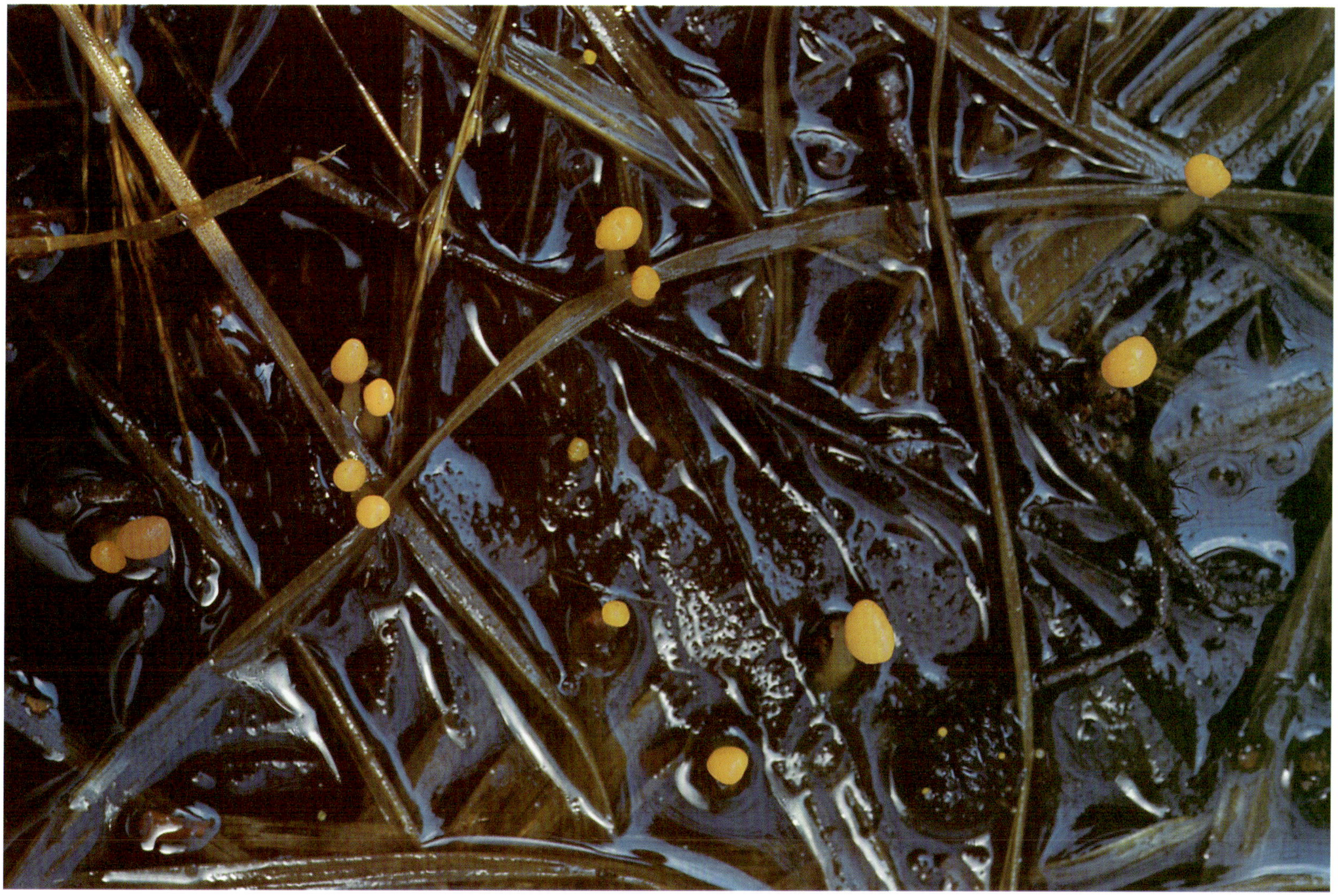

SUMPFHAUBENPILZ

Diese winzigen Frühlingspilze mit ihren weißen Stengeln und orange-gelben Köpfen wachsen in nährstoffarmen Tümpeln auf abgestorbenem Pflanzenmaterial.

(Carex nigra), die Graue Segge (Carex curta), die Igel-Segge (Carex echinata), die Schnabelsegge (Carex rostata), die Spitzblütige Binse (Juncus acutiflorus) und die Flatter-Binse (Juncus effusus) sind ständige Bewohner dieser sumpfigen Gebiete. Je nachdem, ob die Seggen- oder aber die Binsenarten (vornehmlich die Spitzblütige Binse) vorherrschen, rechnet man diese Pflanzengesellschaften der Seggen-Gesellschaft (Careticum curto echinatae) oder der Binsen-Gesellschaft (Juncetum acutiflori) zu. Beide Gesellschaften sind Teil des Verbandes der kleinen Seggen (Caricion curto nigrae). Dieser Verband ist typisch für Nieder- und Übergangsmoore auf mäßig nährstoffreichem Grund (oligo-mesotroph).

In äußerst nährstoffarmen Umständen (oligotroph) ist die Schnabelsegge zusammen mit dem Gekrümmten Torfmoos (Sphagnum apiculatum) vorherrschend. Diese Schnabelseggen-Torfmoos-Konsoziation, in der Arten des nährstoffreichen Milieus beinahe vollständig fehlen, wird dem Schnabelried-Verband (Rhynchosporion albae) zugerechnet. Diese Konsoziation bedeckt relativ große Flächen des Hohen Venns und ist auch auf dem Plateau des Tailles und auf den kleineren Venn-Hochebenen eine häufige Erscheinung.

Unter nährstoffreicheren (mesotrophen) Bedingungen leistet eine große Anzahl anderer Pflanzen den verschiedenen Seggen- und Binsenarten Gesellschaft: das Sumpf-Veilchen (Viola palustris), das Blutauge (Comarum palustre), das Sumpf-Weidenröschen (Epilobium palustre), das Sumpf-Labkraut (Galium palustre), das Moor-Labkraut (Galium uliginosus), der Sumpf-Fieberklee (Menyanthes trifoliata), der Schlangen-Knöterich (Polygonum bistorta), die Sumpf-Kratzdistel (Cirsium palustre), das Flecken-Knabenkraut (Dactylorhiza maculata), das Breitblättrige Knabenkraut (Dactylorhiza majalis), der Blutwurz (Potentilla erecta), der Teufelsabbiß (Succissa pratensis), das Pfeifengras (Molinea caerulea), die Schmiele (Deschampsia cespitosa), das Sumpf-Straußgras (Agrostis canina), der Wald-Engelwurz (Angelica sylvestris), der Sumpf-Hornklee (Lotus uliginosus) usw. Einen solchen Nährstoffreichtum findet man vor allem auf den Hochebenen südöstlich der Rur, wo der Untergrund aus devonischem Gestein besteht.

Einige dieser Pflanzen sind eher in den feuchten, nicht oder nur wenig gedüngten Heuwiesen mit sumpfigem Grund zuhause und müssen der Pfeifengras-Ordnung (Molinietalia) zugerechnet werden. Zum einen handelt es sich dabei um Arten, die in ungedüngten Blaugraswiesen ihren Platz haben (Molinion caerulaea), andererseits sind auch Arten der mäßig gedüngten Wiesen vom Sumpfdotterblumen-Verband (Calthion palustris) dabei. Die Anwesenheit dieser Pflanzen deutet auf menschliche Eingriffe aus der jüngsten Vergangenheit hin, die sich im wesentlichen auf das jährliche Mähen dieser sumpfigen Wiesen beschränkten. Dieser Einfluß ist deutlich an den in der Nähe des Rurhofes (ein altes preußisches Gehöft) gelegenen kleinen Niedermooren erkennbar.

Der Beinbrech (Narthecium ossifragum) ist eine weitere auffällige Pflanze. Dieses Liliengewächs hat zitronengelbe, sechsteilige Blüten. An Bodenstellen, die mit Wasser übersättigt sind und wo das Wasser bis dicht an die Oberfläche tritt, bildet diese Pflanze oft zusammenhängende Formationen. Vor allem in soligenen Hangmooren kann der Beinbrech in großer Zahl auftreten. Außerhalb der Blütezeit ist er an den stark abgeflachten, linienförmigen Blättern leicht erkennbar, die schon im Frühling zu sehen sind. Auch in den Randzonen der Hochmoore, die (natürlicher) Erosion unterliegen und aus denen Wasser abläuft, bildet diese Pflanze dichte Kolonien. Diese Narthecium-Fazies wird entweder dem Glockenheide-Verband (Ericion tetralicis) oder dem Torfmoos-Verband (Sphagnion europaeum) zugerechnet. Beide Verbände sind Teil der Klasse der Hochmoore und Moorheiden (Oxycocco-Sphagnetea).

Was die Moosflora der Niedermoore betrifft, so müssen an erster Stelle die Torfmoose genannt werden. Deren meist verbreitete Art ist das Gekrümmte Torfmoos (Sphagnum apiculatum), gefolgt vom Sumpf-Torfmoos (Sphagnum palustre). Das erstgenannte ist hellgrün mit gelbbraunen Spitzen, das zweite hat eine silbergrüne Färbung. An den feuchtesten Stellen können zwei andere Torfmoosarten wuchern und einen dichtgeschlossenen, treibenden Moosteppich bilden: Es ist das hellgrüne Spieß-Torfmoos (Sphagnum cuspidatum) und das braungrüne Armsporige Torfmoos (Sphagnum crassicladum var. obesum). Auch andere Blattmoose, wie das Gemeine Widertonmoos (Polytrichum commune) und das Spießmoos (Calliergonella cuspidata), sind dort vorzufinden.

Sumpf-Fieberklee

DIE FLORA

In dieser Rubrik werden einige typische Sumpfpflanzen ausführlicher vorgestellt, wie z.B. der Sumpf-Fieberklee, das Sumpf-Veilchen, das Blutauge, der Schlangen-Knöterich, sowie verschiedene Seggen und Binsen.

Der SUMPF-FIEBERKLEE (Menyanthes trifoliata) ist eine sehr seltene und unter Naturschutz stehende Pflanze. Diese kleine Sumpfpflanze mit ihren großen, dem Kleeblatt ähnelnden Blättern und ihren prächtigen, bärtigen weißen Blütenblättern gedeiht nicht nur in den Niedermooren, sondern auch in kleinen Moortümpeln (darunter befinden sich auch Palsen) und in kleinen Schwingmooren, die sich in den Flußtälern (Schwalmbach, Olefbach, Holzwarche usw.) gebildet haben. Der Sumpf-Fieberklee ist eng verwandt mit den Enzianen, wird aber aufgrund von Unterschieden zur Seekannen-Familie (Menyanthaceae) gerechnet. Er hat dicke, horizontal wachsende grüne Stengel, an deren Ende große, langstielige dreifache Blätter sitzen. Seitlich davon entspringt ein blattloser Blütenstengel, der eine Traube von zehn bis dreißig Blüten trägt. Die in den Monaten Mai und Juni erscheinenden Blüten haben eine fünfblättrige Blütenkrone. Die Blätter der Krone sind von innen mit zahlreichen fransenartigen Härchen besetzt. Hummeln und Honigbienen lassen sich von dieser Behaarung nicht abschrecken und sammeln den Nektar, der unten in der Blüte abgeschieden wird. Gleichzeitig nehmen sie den orange-gelben Blütenstaub mit und sorgen beim folgenden Besuch einer Blüte für die Bestäubung des zwei- (oder drei-) narbigen Stempels. Nach der Bestäubung wächst der oberständige Fruchtknoten zu einer Kapselfrucht heran, die mit zwei (oder drei) Klappen aufspringt und in der zahlreiche orange-braune Samen sitzen. Die relativ schweren Samen können auf dem Wasser treiben und sich so verbreiten.

Wiesen-Segge

Das SUMPF-VEILCHEN (Viola palustris) mit seinen blaßblauen Blüten und herzförmigen Blättern ist nicht aus den Niedermooren wegzudenken! Es hat einen kriechenden Wurzelstock, der sich mit dünnen Ausläufern in der Torfmoosdecke verankert. Die hellgrünen, anfänglich runden oder nierenförmigen Blätter bilden eine Rosette. In den Achseln entspringen die Blütenstengel. Die zweiseitig symmetrischen Zwitterblüten sind blaßviolett mit dunkellila Linien auf dem untersten Blatt der Blütenkrone. Der Sporn ist stumpf und kurz und reicht kaum über die Kelchblätter hinaus. Die Kelchblätter haben an der Außenseite, wo sie am Blütenboden befestigt sind, einen winzigen Fortsatz. Wenn die drei Klappen der reifen Fruchtkapsel sich öffnen, werden die Samen herausgeschleudert. Sie werden nicht, wie bei den anderen Veilchen, von Ameisen weitertransportiert. Der Ölkörper, ein fettiger Anhang am Fuße der Samen, den die Ameisen gern fressen, ist bei diesem Veilchen nur sehr klein. Das Sumpf-Veilchen ist die meistbeflogene Nahrungspflanze des Braunfleckigen Perlmutterfalters (Clossiana selene). Die Raupen überwintern in den umgerollten Rändern der verdorrten Blätter und ernähren sich, sowohl vor als auch nach dem Winter, von diesem Sumpfpflänzchen.

Das BLUTAUGE (Comarum palustre) ist eine typische Pflanze der morastigen Sümpfe. Man kann es kaum mit anderen Pflanzen verwechseln. Es ist eine niedrige bis mittelhohe Pflanze, die gegen Ende des Frühlings (Mai - Juli) blüht. Die gesamte Blüte hat eine bräunlich-purpurrote Farbe. Die fünf bis sieben Blätter der Blütenkrone sind viel kleiner und schmaler als die Kelchblätter, welche nur von innen rotbraun sind. Das Ganze wird von einem grünen mehr oder weniger abstehenden Außenkelch umgeben. Beim Heranreifen der erdbeerähnlichen Scheinfrucht schließen sich die Kron- und Blütenblätter. Die Frucht ist eher trocken und nicht besonders schmackhaft. Sie fällt nicht von der Pflanze ab. Die Blätter sind fünf- oder siebenfach gefiedert, die obersten jedoch nur dreifach. Die einzelnen Teilblätter sind von unten blaugrün und gesägt. Die Pflanze ist durch einen holzigen Wurzelstock, der bis zu einem Meter lang werden kann, im sumpfigen Boden verankert. Häufig bildet sie zusammenhängende Blätterteppiche.

Die Seggenarten (Carex div. sp.), die in den Niedermooren allgemein verbreitet sind, sind die WIESENSEGGE (Carex nigra), die GRAUE SEGGE (Carex curta), die IGELSEGGE (Carex echinata) und schließlich die meist in zusammenhängenden Vegetationen vorkommende SCHNABELSEGGE (Carex rostata). Diese vier Seggenarten sind selbst für den Laien einfach zu bestimmen, und wenn man über gutes Sehvermögen verfügt, ist sogar eine Lupe bzw. ein Vergrößerungsglas überflüssig.

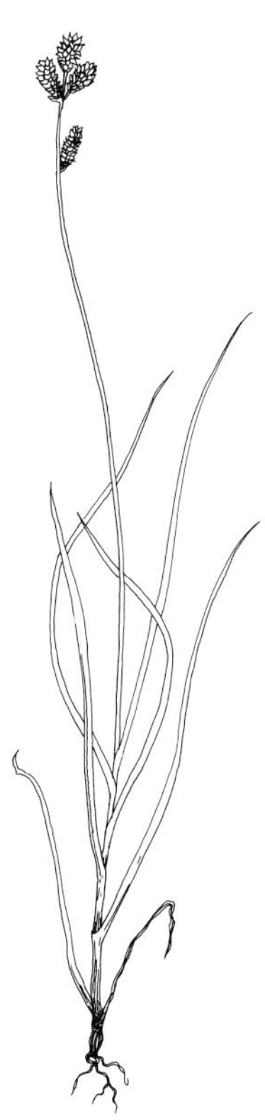

Graue Segge

SCHEIDIGES WOLLGRAS

Ein Pflänzchen, das sich in der äußerst armen und unwirtlichen Umgebung des Hochmoors zu Hause fühlt, ist das Scheidige Wollgras. Im Mai und im Juni zieht es mit seinem prächtigen weißen Flaum die Blicke auf sich.

SCHEIDIGES WOLLGRAS IN BLÜTE

Jeder Stengel des Scheidigen Wollgrases trägt nur eine Blütenähre. Scheidiges Wollgras wächst dichtgedrängt auf den Bulten im Hochmoor. Die Ähren sind die Hauptnahrungsquelle für das Birkhuhn.

Igel-Segge

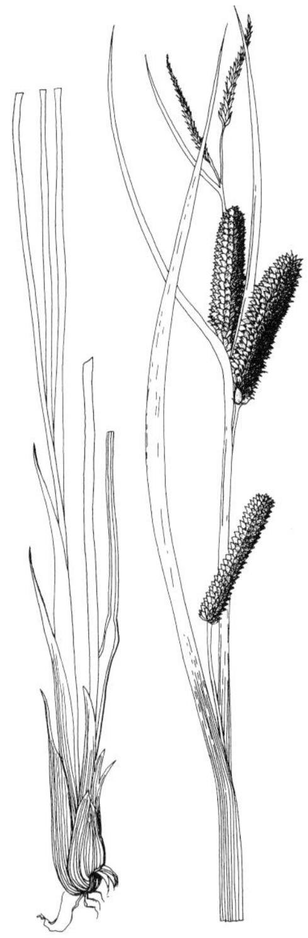

Schnabelsegge

Spitzblütige Binse

Wodurch unterscheidet sich eine Segge von einem Gras oder von einer Binse?

Eine Segge hat meistens einen dreikantigen, mit Mark gefüllten Stengel ohne Knospen. Die linienförmigen Blätter, die teilweise zu einer geschlossenen Scheide verwachsen sind, umgeben den Stengel in drei Reihen. Die Blüten haben entweder nur Staubgefäße oder nur Stempel und sind somit eingeschlechtig. Die männlichen Staubgefäßblüten und die weiblichen Stempelblüten stehen in Ähren zusammen. Diese Ähren können sowohl aus männlichen und weiblichen Blüten bestehen als auch jeweils nur aus männlichen oder nur aus weiblichen. Die männlichen Blüten werden von drei Staubgefäßen gebildet, die aus der Achsel eines Deckblattes wachsen. Die weiblichen Blüten bestehen aus einem Fruchtknoten mit einem Stiel und zwei oder drei Stempeln. Der Fruchtknoten ist von einer bauchigen Hülle umgeben, die ebenfalls ein Deckblatt hat. Diese Hülle verwächst mit dem Fruchtknoten zu einer Nuß (= Scheinfrucht).

Die SPITZBLÜTIGE BINSE (Juncus acutiflorus) wächst in Niedermooren, am Rande des Hochmoores oder in nassen Wiesen mit Quellgebieten, unter äußerst nährstoffarmen Bedingungen. Diese Binsenart bildet, ebenso wie die Schnabelsegge, zusammen mit dem Gekrümmten Torfmoos eine zusammenhängende Pflanzendecke. Unter den sie begleitenden Arten müssen vor allem das Sumpf-Veilchen und das Sumpf-Weidenröschen genannt werden. Die FLATTER-BINSE (Juncus effusus) ist die am häufigsten vorkommende Binsenart, die man in allen feuchten und sumpfigen Gebieten, auch in den Niedermooren, findet. Die Spitzblütige Binse ist über 20 cm hoch und kann sogar bis zu 1 m groß werden! Im Gegensatz zur eng verwandten Flatter-Binse, die dichte Soden bildet, hat diese Binse einen kriechenden Wurzelstock. Weiterhin unterscheidet sie sich von ihrem Verwandten dadurch, daß ihre mit Mark gefüllten Blätter querliegende Scheidewände haben. Wenn man ein Blatt von der Spitzblütigen Binse zwischen den Fingern hindurchgleiten läßt, kann man die verdickten Stellen der Scheidewände deutlich fühlen. Wie bei allen Binsen sind die Blüten der Spitzblütigen Binse aus zwei Kränzen zu je drei häutigen Blütendeckblättern, zwei Kränzen von drei Staubgefäßen (bei einigen Binsen, u.a. Flatter-Binse, ist nur ein Kranz mit drei Staubgefäßen vorhanden) und einem Stempel mit drei Stielen zusammengestellt. Bei der Spitzblütigen Binse besteht der Blütenstand aus einer Anzahl von Blütengruppen mit je 3 bis 8 braunen Blüten, die sich an Stielen von verschiedener Länge befinden. Der Blütenstand ist deutlich einseitswendig. Der Blütenstand der Flatter-Binse dagegen ist viel kompakter. Es scheint so, als ob er seitlich entspringen würde, weil ein aufrechtwachsendes Deckblatt die direkte Fortsetzung des Stengels bildet.

Schlangen-Knöterich

Der SCHLANGEN-KNÖTERICH (Polygonum bistorta) gehört zur Familie der Knöterichgewächse (Polygonaceae) und ist eine typische Pflanze für feuchte oder sumpfige Wiesen. Wie die anderen Knötericharten hat er einen deutlich gegliederten und mit vielen Verdickungen bestückten Stengel: Überall, wo ein Blatt am Stengel befestigt ist, befindet sich ein Hautröhrchen, das den Stengel umgibt. Die unteren Blätter haben einen ausgeprägt geflügelten Blattstiel und entspringen einer Wurzelrosette. Die obersten Blätter umschließen mit den umgerollten Rändern ihres Stiels den Blütenstengel. Die hellfarbige Hauptader zeichnet sich deutlich vom Rest des Blattes ab und macht damit das Verwechseln mit anderen Knötericharten beinahe unmöglich; zudem sind die großen Blätter an der Unterseite graugrün. Der Blütenstand besteht aus einer einzigen dichtbestückten, zylindrischen, rosafarbenen Blütenähre und bringt ab Juni Farbe in die sumpfigen Wiesen. Die Pflanze verdankt ihren Namen ihrem dicken, zweimal gekrümmten Wurzelstock, der wegen seiner Ähnlichkeit mit Schlangen gegen Bisse der Kreuzotter verwendet wurde. Der Schlangen-Knöterich dient den Raupen verschiedener Schmetterlingsarten, u.a. diverser Bläulinge, wie z.B. dem Großen und dem Kleinen Feuerfalter und dem Moor-Perlmutterfalter als Wirtspflanze. Der letztgenannte ist eine arktisch-alpine Art, die nicht nur auf dem Schlangen-Knöterich lebt, sondern sich auch auf dem Sumpf-Veilchen und auf Heidelbeeren Futter verschafft.

DIE FAUNA

Die nassen, kleinen Niedermoore mit ihrem typischen Pflanzenbewuchs bilden den Lebensraum für große Scharen von Insekten, insbesondere von Libellen und Schmetterlingen. Auch einige höhere Tierarten, u.a. Amphibien und Reptilien, Vögel und Säugetiere, fühlen sich von diesen Feuchtbiotopen anzogen.

INSEKTEN UND SPINNEN IM NIEDERMOOR

Dieser Abschnitt beschränkt sich auf die Beschreibung einiger spezieller Schmetterlingsarten und einer relativ großen Spinnenart, der Gerandeten Jagdspinne. Was die Libellen betrifft, kann die Übersichtstabelle der Libellenfauna des Hohen Venns (Seite 58) zu Rate gezogen werden. Außer den typischen Hochmoor-Arten kommen alle anderen genannten Libellen auch in den Niedermooren des Hohen Venns vor.

Die GERANDETE JAGDSPINNE (Dolomedes fimbriatus) ist die größte Spinne in unserem Land. Ohne Beine mißt das Weibchen 2,5 cm. Die Männchen sind etwa halb so groß. Sowohl auf dem Land wie auch im Wasser jagt diese große Wolfsspinne pfeilschnell ihre Beutetiere. Sie zögert sogar nicht, ins Wasser zu tauchen, um eine Beute zu fangen. Es handelt sich meistens um größere Beutetiere, wie z.B. Libellen und Wasserjungfern. Selbst die riesige Torf-Mosaikjungfer (Aeschna juncea) ist vor Dolomedes nicht sicher! Die Gerandete Jagdspinne ist einfach zu erkennen: das dunkelbraune Kopf-Brust-Stück, das die acht Beine und die Mundwerkzeuge trägt, ist an beiden Seiten mit gelben Streifen versehen. Auch der Hinterleib ist dunkelbraun, manchmal mit einem helleren Fleck und weißen Pünktchen oberhalb der Mitte. Er ist zudem mit weißen oder gelbweißen Seitenstreifen geschmückt. Die auffallend großen Augen und die Tatsache, daß das Weibchen ihren kugelförmigen Eikokon zwischen den Kiefern trägt, zeigen ganz sicher an, daß es sich um eine Wolfsspinne handelt. Wenn in der Mitte des Sommers die Spinnenjungen aus den Eiern schlüpfen, hängt das Weibchen den Eikokon zwischen die Pflanzen und spinnt ein kleines Zelt um ihn herum. Anfangs bleiben die Jungen im Inneren des sicheren Schutzzeltes beieinander. Später, nach der zweiten Häutung, gehen sie ihre eigenen Wege.

Der Schlangen-Knöterich und das Sumpf-Veilchen dienen für eine große Anzahl Schmetterlingsarten als Wirtspflanzen. Dazu gehören u.a. drei - nicht blaue - Bläulinge: der Blauschillernde Feuerfalter, der Große Feuerfalter und der Kleine Feuerfalter. Der BLAUSCHILLERNDE FEUERFALTER (Lycaena helle) ist ein sehr seltener Schmetterling, dessen Oberseite vollständig violett ist und die, wie der Name sagt, blau schillert. Die vorderen Flügel haben einen orangefarbenen Punkt, die hinteren Flügel sind mit einem schwarzgepunkteten orange-roten Band verziert. Die Unterseite der Flügel ist gelb-grau mit schwarzen Punkten, und beide lassen ein orangerotes Band sehen. Diese Bänder sind mit weißumrandeten schwarzen Flecken gesäumt. Der Blauschillernde Feuerfalter lebt in feuchten Wiesen und Niedermooren, bis zu einer Höhe von 1.600 m. Die kleinen Raupen ernähren sich hauptsächlich von Schlangen-Knöterich und Ampfer (Rumex sp.). Die ausgewachsenen Schmetterlinge fliegen von Mai bis Ende Juli. Das Verbreitungsgebiet erstreckt sich hauptsächlich über Nord- und Mitteleuropa. Weiter südlich ist er erst ab 300 m Höhe verbreitet. Es handelt sich somit deutlich um eine zirkumboreal-alpine Art.

BLÜHENDER BEINBRECH

Dieses prächtige Liliengewächs blüht an sonnigen Plätzen, wo das Wasser bis dicht an die Bodenoberfläche tritt. In Niedermooren, insbesondere Hangmooren, kann der Beinbrech in großer Zahl auftreten. In den Randzonen eines Hochmoores bildet diese Pflanze oft dichte Kolonien.

BROMBEERSPINNER

Dieser Spinner ist verwandt mit der Grasglucke, die auch Trinkerin genannt wird. Er kann in Wald- und Heidegebieten in großer Zahl vorkommen. Die Männchen fliegen schon am frühen Abend, die Weibchen erst in der Nacht.

Der GROSSE FEUERFALTER (Lycaena dispar batavia) hat eine Flügelspannweite von etwa 3 cm. Die Oberseite ist orange-rot mit schwarzen Flecken und Punkten. Die Unterseite dagegen, die sichtbar wird, wenn er seine Flügel zusammenfaltet, ist mit vielen kleinen weißumrandeten schwarzen Punkten übersät. Bei den Vorderflügeln ist die Grundfarbe orangegelb, bei den hinteren Flügeln eher hellblau. Darüber hinaus lassen die Vorder- und Hinterflügel ein weißgraues bzw. orangefarbenes Band entlang des äußeren Randes sehen. Die ausgewachsenen Schmetterlinge suchen während der Monate Juni und Juli die Umgebung von Feuchtbiotopen. Die Raupen ernähren sich von Pflanzen der Knöterichfamilie, wie z.B. Schlangen-Knöterich und Ampfer. Der Große Feuerfalter kommt in vereinzelten Populationen in ganz Europa vor. In Belgien ist er sehr selten und gehört, ebenso wie die vorige Schmetterlingsart, zu den unter Naturschutz stehenden Arten.

Der KLEINE FEUERFALTER (Lycaena phlaeas phlaeas) unterscheidet sich von der vorher genannten Art durch seine geringere Größe und seine weniger grellen Farben. Es handelt sich um eine häufig vorkommende Schmetterlingsart, die vom Ende des Winters (Februar - März) bis in den Herbst fliegt, mindestens in zwei Generationen.

Neben Feuerfaltern ziehen die Niedermoore auch eine Anzahl von Perlmutterfaltern an: den Großen Perlmutterfalter, den Braunfleckigen Perlmutterfalter und den Moor-Perlmutterfalter. Die Raupen dieser drei Schmetterlingsarten ernähren sich hauptsächlich vom Sumpf-Veilchen. Die verschiedenen Perlmutterfalter sind sehr schwer voneinander zu unterscheiden.

Der GROSSE PERLMUTTERFALTER (Mesoacidalia aglaja aglaja) ist am einfachsten zu erkennen. Im Vergleich mit den beiden anderen handelt es sich um einen relativ großen Schmetterling mit einer Flügelspannweite von ungefähr 5,5 cm. Die Flügeloberseiten sind wie bei allen Perlmutterfaltern orangefarbig und haben schwarze Flecken. Die Unterseite der Flügel, insbesondere die der hinteren, ist grünlich und hat unscharfe perlmutterfarbene Flecken. Der Große Perlmutterfalter kommt in ganz Europa vor, vom Nordkap bis zum Mittelmeer. Er lebt in trockenen und feuchten Biotopen, sowohl im Flachland als auch im Gebirge.

Der BRAUNFLECKIGE PERLMUTTERFALTER (Clossiana selene) ist mit ca. 3,5 bis 4 cm Spannweite ein kleinerer Perlmutterfalter. Man kann ihn während des Fluges an dem großen schwarzen Fleck auf den Hinterflügeln erkennen, der von einem orangefarbenen Ring umgeben ist. Wenn der Schmetterling sitzt, lassen die (zusammengefalteten) Hinterflügel an ihrer Unterseite einen Rand von silbernen Flecken sichtbar werden. Der Braunfleckige Perlmutterfalter fliegt, in einer einzigen Generation, von Mai bis Juli hauptsächlich in feuchten Gebieten. Er ist in ganz Europa verbreitet, vom Nordkap bis Portugal, nur in den Pyrenäen kommt er nicht vor.

Der MOOR-PERLMUTTERFALTER (Proclossiana eunomia) ist etwa ebenso groß wie der vorher beschriebene. Des weiteren gleicht er in Farbe und Zeichnung dem Braunfleckigen Perlmutterfalter, jedoch hat er außer den silbernen Randflecken auch noch sechs runde Perlmutterflecken. Der Moor-Perlmutterfalter ist eine arktisch-alpine Art, die in Nordeuropa ein geschlossenes Verbreitungsgebiet hat, während die Populationen in südlicheren Gebieten weit entfernt voneinander leben. Dieser seltene und unter Naturschutz stehende Schmetterling fliegt von Ende Mai bis Juli in den Sumpf- und Moorgebieten. Die Raupe ernährt sich hauptsächlich vom Schlangen-Knöterich, aber auch vom Sumpf-Veilchen und von der Heidelbeere.

VÖGEL IM NIEDERMOOR

Dank des stark variierenden Vegetationscharakters in den Niedermooren finden viele Vogelarten hier einen geeigneten Aufenthaltsort. Man trifft dort, neben mehr allgemein vorkommenden Arten auch verschiedene Brütvögel an, deren Populationen anderswo in Belgien sehr stark zurückgegangen sind. Sie sind damit besonders selten geworden.

Der FELDSCHWIRL (Locustella naevia) ist ein im Hohen Venn häufig anzutreffender Brutvogel. Er nistet mit Vorliebe in den moorigen Heideflächen, wo das Pfeifengras wuchert. Doch auch in den Niedermooren ist er ein treuer Gast. Von Mai bis Juli kann man seine charakteristisch schnarrende Stimme hören, die viel von dem Gesang einer Grille oder einer Heuschrecke hat. Besonders nachts und bei regnerischem Wetter ist der Feldschwirl aktiv.

Auch die ROHRAMMER (Emberiza schoeniclus) ist in den Niedermooren mit Seggen und Binsen zuhause. Das Männchen, mit seinem schwarzen Kopf, seiner schwarzen Kehle und seinem dunkelbraun gestreiften Federkleid sitzt oft in einem freistehenden Weidenstrauch und läßt seinen unbeholfenen Gesang hören. Es beginnt meistens sehr langsam, endet aber besonders hastig.

Die BEKASSINE (Gallinago gallinago) brütet in den kleinen Sumpfgebieten entlang der sich lustig windenden Rur. Dieser braune Sumpfvogel mit seinem langen, geraden Schnabel legt seine Eier in eine kleine Höhlung in den Boden, zwischen Gras- oder Seggenbüschel. Ab April überläßt er sich seinem charakteristischen Balzverhalten: Erst beschreibt er in der Luft eine große Kurve, danach taucht er schräg nach unten und spreizt dabei seine äußeren Schwanzfedern weit auseinander. Das produziert ein vibrierendes, „meckerndes" Geräusch. Es wird durch die Luft verursacht, die zwischen den gespreizten Schwanzfedern hindurchgedrückt wird.

Das BRAUNKEHLCHEN (Saxicola rubetra) bevorzugt die feuchten Wiesen mit einer reichhaltigen Flora und Insektenwelt gegenüber den artenarmen Niedermooren. Sein Lebensraum muß außerdem reichlich mit Sitzplätzen und Ausguckposten in Form von Hecken, freistehenden Sträuchern und Zaunpfählen bestückt sein. Auch hochaufgewachsene Kräuterpflanzen, wie Sumpf-Kratzdistel und Schlangen-Knöterich benutzt es für denselben Zweck. In den entlang der Rur gelegenen Niedermooren und Feuchtwiesen kann man diesen Sommervogel ab Ende April/Anfang Mai beobachten.

Die natürlichen Wälder

Auf den Hochebenen des Hohen Venns sind natürliche Wälder außerordentlich selten geworden: Sie wurden entweder zu Niederwald degradiert oder durch Heideflächen oder künstliche Nadelwälder ersetzt. Und doch ist hier und dort noch ein kleines Stückchen Urwald übriggeblieben. Dazu gehören an erster Stelle die sumpfigen Birken- und Erlenwälder sowie auch einige Eichen-Birkenwälder und Buchenwälder.

DIE GROSSEN VEGETATIONSEINHEITEN

Die Randgebiete der leichtgewölbten Hochmoore mit einem nicht allzu dicken Torfboden (etwa 1 bis 1,5 m dick) werden vom sogenannten Birkenbruchwald (Betuletum pubescentis) eingenommen. Es handelt sich um einen lichten Wald mit der Karpatenbirke (Betula pubescens ssp. carpatica) als vorherrschender Baumart. Die Karpatenbirke ist typisch für unsere Moore, sie ist gekennzeichnet durch schnell kahl werdenden Zweige und eine abweichende Blattform. Man trifft dort auch auf die Hänge-Birke (Betula pendula), bei ausreichend hohem Grundwasserspiegel auch die Schwarzerle (Alnus glutinosa), die Ohr-Weide (Salix aurita) und den Faulbaum oder das Pulverholz (Frangula alnus). In dem Maße, wie der Torfboden dünner wird, gewinnt die Stiel-Eiche (Quercus robur) an Bedeutung und kündigt auch schon den natürlichen Eichen-Birkenwald an. Der Birkenbruchwald hat eine dichte Kräuterschicht, in der man neben einer großen Anzahl typischer Hochmoorpflanzen, wie Beinbrech (Narthecium ossifragum) und Rosmarinheide (Andromeda polifolia), vor allem Pfeifengras (Molinea caerulea), Siebenstern (Trientalis europaea), Rauschbeere (Vaccinium uliginosum) und Blaubeere (Vaccinium myrtillus) vorfindet. Auch diverse Moose, insbesondere Torfmoose (Sphagnum sp. div.) und Widertonmoose (Polytrichum sp. div.) fühlen sich dort zuhause. Einen prächtigen Birkenbruchwald findet man am Rand des Hochmoores des Wallonischen Venns, auf der Höhe von Drêló. Auch im Norden des Venns von Cléfaye (Grand Bongard) und in den Mooren des Nordostens (Stuhl, Balloch) gibt es Birkenbruchwälder.

Auf den Niedermooren (sumpfige Gebiete mit moorigem Boden von weniger als 80 cm Dicke und einem hohen Grundwasserspiegel) hat sich im Laufe der Zeit ein anderer Sumpfwald angesiedelt: der Erlenbruchwald (Alnion glutinosae). Hier umfaßt die Baumschicht hauptsächlich Schwarzerlen (Alnus glutinosa), denen Moorbirken (Betula pubescens), Ohr-Weiden (Salix aurita) und Faulbäume (Frangula alnus) Gesellschaft leisten. In der Kräuterschicht herrscht das Sumpf-Reitgras (Calamagrostis canescens) und die Langährige Segge (Carex elongata) vor. Des weiteren wächst dort eine große Anzahl anderer Pflanzen, die in den Niedermooren zu Hause sind, und natürlich auch das Pfeifengras. In der Moosschicht sind es wiederum Torfmoose (Sphagnum fimbratum, Sphagnum palustre), die das Aussehen bestimmen. Ein gutes Beispiel für einen Erlenbruchwald befindet sich im Wallonischen Venn. Übrigens heißt dieses Waldstückchen „Oneux", was von „aulnaie" (= Erlenwald) abgeleitet ist. Dieser Wald ist für die Öffentlichkeit nicht zugänglich.

GLOCKENHEIDE

Die Gemeine Glockenheide ist die Kennart für feuchte und moorige Heidefelder. Auch in ruhenden Hochmooren, d.h. in Hochmooren mit eingeschränktem Torfmooswachstum, kommt dieser immergrüne Zwergstrauch mit seinen kleinen rosafarbenen Blüten häufig vor.

SCHWALBENSCHWANZ AUF GEMEINEM HEIDEKRAUT

Oft tritt dieser wärmeliebende Falter sehr zahlreich auf, dann ist er wieder jahrelang verschwunden. Seine prächtigen grünen Raupen mit schwarzen Querstreifen und rosafarbenen Punkten leben hauptsächlich auf Doldenblütern.

Sobald der Torfboden weniger dick wird (höchstens 50 cm) oder ganz fehlt, erscheinen andere Waldtypen. Auf den feuchten Ton-Lehm-Böden, die zum großen Teil vom Pfeifengrasbewuchs oder von Fichtenwäldern eingenommen werden, kann man ab und zu noch einen natürlichen Eichen-Birkenwald vorfinden. Dieser besteht vor allem aus Stiel-Eichen (Quercus robur), den beiden Birkenarten (Betula pendula und B. pubescens) und der Zitterpappel (Populus tremula). Auf den trockeneren Lehmböden, der Domäne der Hochheide, steht ein anderer Eichen-Birkenwald. Es geht hierbei um eine relativ junge Formation, die infolge menschlicher Einflußnahme (Fällen, Holzkohleproduktion usw.) den ursprünglichen Buchenwald verdrängt hat. In diesen Niederwäldern dominiert die Traubeneiche (Quercus petraea) in Gesellschaft der Hänge-Birke (Betula pendula) und der Vogelbeere (Sorbus aucuparia). Auch die Buche (Fagus sylvatica) ist vorhanden und verweist auf den Ursprung dieses Waldes. Der Geitzbusch oder „Ziegenwald", im Fagne des Deux Séries gelegen, ist auch solch ein Eichenniederwald.
An einigen Stellen (Küchelscheid, Rurbusch) findet man noch Überbleibsel des natürlichen Buchenwaldes. Meistens handelt es sich dabei jedoch um Wälder, die erst vor kurzem gepflanzt worden sind oder sich semi-spontan (seit dem 18. Jahrhundert, als das massive Fällen der Buchenwälder eingeschränkt wurde) entwickelt haben.

Diese Wälder, Eichen-Birkenwälder und Birkenwälder, gehören einerseits zum Eichen-Birkenwald mit submontanem Charakter (Luzulo-Quercetum), andererseits zum Buchen-Eichenwald mit submontanem Charakter (Luzulo-Fagetum). Der Pflanzenwuchs beider Waldtypen spiegelt im übrigen deutlich das boreo-atlantische Klima dieses Gebietes wider. In der besonders artenarmen Kräuterschicht verzeichnet man sowohl altlantische als auch boreo-montane Pflanzen: Heidelbeere (Vaccinium myrtillus), Draht-Schmiele (Deschampsia flexuosa), Weiches Honiggras (Holcus mollis), Salbei-Gamander (Teucrium scorodonia), Harz-Labkraut (Galium saxatile), Heidekraut (Calluna vulgaris), Gewöhnlicher Wachtelweizen (Melampyrum pratense), Heide-Johanniskraut (Hypericum pulchrum), Glattes Habichtskraut (Hieracium laevigatum), Siebenstern (Trientalis europaea), Busch-Hainsimse (Luzula luzuloides), Quirl-Weißwurz (Polygonatum verticillatum) usw. Vor allem die beiden letzten Arten verweisen auf den eher montanen Charakter dieser Wälder.
Eine andere auffallende Erscheinung in diesen Wäldern ist der Rote Fingerhut (Digitalis purpurea). Dieses zweijährige giftige Kraut kann gehäuft an Stellen auftreten, an denen der Wald gerodet worden ist. Es erscheint dort in Gesellschaft des Wald-Weidenröschens (Epilobium angustifolium) und des Hain-Kreuzkrautes (Senecio fuchsii), einem Korbblütler mit hellgelben Blüten. Auch allerlei Farne, darunter der mannshohe Adlerfarn (Pteridium aquilinum), der Dornige Wurmfarn (Dryopteris carthusiana), der Rippenfarn (Blechum spicant), der Frauenfarn (Athyrium filix-femina) und der Bergfarn (Oreopteris limbosperma) - eine seltene Farnart, die auf den ersten Blick mit dem Wurmfarn (Dryopteris filix-mas) verwechselt werden kann - kommen in diesen Wäldern vor. Die Moosschicht ist gleichfalls gut entwickelt und umfaßt unter anderem das Besen-Gabelzahnmoos (Dicranum scoparium), das Ordenskissen (Leucobryum glaucum) und das Einseitswendige Kleingabelzahnmoos (Dicranella heteromalla).

DIE FLORA

Der SIEBENSTERN (Trientalis europaea) verdankt seinen Namen der sternförmig ausgebreiteten Blütenkrone, die meistens sieben Kronenblätter zählt. Manchmal sind es jedoch auch sechs oder acht. Des weiteren hat diese kleine Pflanze eine Rosette von fünf bis sieben ganzrandigen, eiförmigen Blättern, die sehr unterschiedlich in ihrer Größe sind. Im Zentrum dieser Blattrosetten entspringen jeweils ein oder zwei Blüten auf langen, dünnen Stielen. Der Siebenstern wächst an Stellen, an denen das Wasser wegen der undurchlässigen Tonschicht steht. Es ist eine typische Waldpflanze, die man außerhalb des Waldes auch auf den moorigen Heiden antrifft. Der Siebenstern ist Teil der Schlüsselblumenfamilie und wurde als Symbol für das Emblem der belgischen staatlichen Naturschutzgebiete ausgewählt. Es ist eine echte zirkumboreal-alpine Pflanze, die hauptsächlich in den kälteren Teilen Europas, in Sibirien und im Nordwesten Nord-Amerikas vorkommt. Die südliche Grenze ihres Verbreitungsgebietes verläuft quer durch die Niederlande, weiter südlich beschränkt sie sich auf Hochebenen und Gebirge.

Der QUIRL-WEIßWURZ (Polygonatum verticillatum) hat einen kantigen Stengel mit kranzförmig angeordneten, linienförmigen Blättern. Die glockenförmigen Blüten bestehen aus sechs, zum großen Teil verwachsenen, grün-weißen Blütendeckblättern und hängen zu mehreren in den Blattachseln. Die Pflanze trägt etwa ab Ende Juni rote Beeren, die giftig sind. Es ist eine Waldpflanze mit einer ausgesprochenen Vorliebe für Wälder auf saurem Grund, am liebsten Buchenwälder. Ebenso wie bei der vorigen Art verläuft die südliche Grenze ihres Verbreitungsgebietes quer durch die Niederlande.

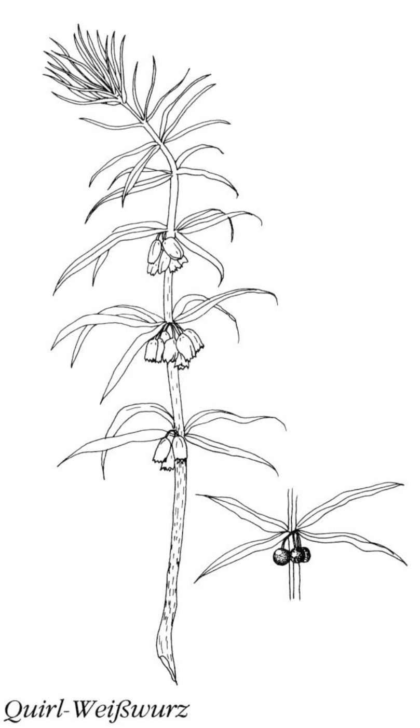

Quirl-Weißwurz

MOORBRANDKULTUR

In früheren Jahrhunderten wurde im Hohen Venn Landwirtschaft betrieben. Vor allem die Moorbrandkultur war eine häufig angewendete Methode. Die Gräben, die für die Wasserzufuhr sorgten, und die trockenen Rücken, auf denen Pflanzen gezogen wurden, sind noch heute in der Landwirtschaft als Streifen mit einem etwas anderen Pflanzenbewuchs erkennbar.

Die BUSCH-HAINSIMSE (Luzula luzuloides) ist eine Pflanze, die eng mit den Binsen (Juncacaea) verwandt ist. Sie hat einen Wurzelstock, schmale grasähnliche Blätter und einen Blütenstand, der aus mehreren dreifachen Blüten besteht. Im Gegensatz zu den Binsen (Juncus sp. div.) und den übrigen Hainsimsen (Luzula sp. div.) hat sie silbrig-weiße Blüten. Die Blütentuffs stehen in Gruppen von zwei bis sechs beieinander und sind von einem oder mehreren Deckblättern begleitet. Diese sind, ebenso wie die restlichen Blätter, hellgrün und stark behaart. Die Härchen sind ziemlich lang und weiß. Die Busch-Hainsimse wächst vor allem auf sauren Böden in Buchenwäldern. In Belgien beschränkt sie sich auf die südlich von Samber und Maas gelegenen Gebiete und weist auf den submontanen Charakter dieser Gebiete hin. Sie fungiert als Kennart für alle höher gelegenen Wälder.

Hengel

Das WALD-RISPENGRAS (Poa chaixii) gehört auch zu den Pflanzen submontanen Charakters. Diese Grasart beschränkt sich nicht allein auf die höher gelegenen Wälder, vor allem auf Buchenwälder, sondern kommt auch auf Kahlschlägen und Bergweiden vor. Nicht selten trifft man dieses Gras in den kleinen Tälern Hoch-Belgiens an. Es hat dunkelgrüne, beträchtlich breite Blätter, die gefaltet sind und in einer deutlich mützenförmigen Spitze enden. Im vegetativen Zustand ist es an seinem zusammengedrückten Stengel und der Blattscheide zu erkennen.

Das HAIN-KREUZKRAUT (Senecio fuchsii), manchmal auch „Ardennen-Kreuzkraut" genannt, gedeiht auch in bergigen Regionen gut. Die Pflanze liebt Waldränder und Rodungen. Sie wird 40 bis 180 cm groß, und blüht von Juli bis September. Der Stengel trägt längliche gezahnte Blätter mit einem kurzen Blattstiel. Die Blütenköpfe dieses Korbblüters (Asteraceae) bestehen aus 8 bis 15 gelben Blüten. Es sind hauptsächlich Röhrenblüten und einige (3 bis 5) Zungenblüten. Hain-Kreuzkraut und Wald-Weidenröschen (Epilobium angustifolium) malen im Sommer gelbe und rosa Farbtupfer in die Waldränder der Hochebenen des Hohen Venns.

Der GEWÖHNLICHE WACHTELWEIZEN (Melampyrum pratense), auch Braunwurz genannt, ist eine Waldpflanze, die auf holzigen Gewächsen (Eiche, Birke, Heidelbeere usw.) wuchert. Sie ist ein Halbparasit, d.h. eine Pflanze, die trotz Vorhandenseins von Chlorophyll für ihre Ernährung teilweise von anderen Pflanzen abhängig ist. Früher glaubte man, daß der Wachtelweizen auch auf Gräsern, insbesondere auf der Draht-Schmiele (Deschampsia flexuosa) wuchern würde, aber diese Auffassung ist falsch. Der Wachtelweizen ist eine bis etwa 50 cm hohe, einjährige Pflanze mit kreuzgegenständigen Blättern. Diese befinden sich unter den Seitenstielen und haben Deckblätter, die glattrandig und von länglicher Form sind. Die Seitenstiele sind leicht gebogen. Die grünen Deckblätter tragen einige gezahnte Zipfel an ihrem Fuß. Die zweilippige Blütenkrone ist blaßgelb und mehr oder weniger geschlossen (maskiert) durch die dunkelgelben Wölbungen der Unterlippe. Der Kelch ist röhrenförmig und hat vier Zähne. Ebenso wie die übrigen Pflanzen vom Geschlecht „Melampyrum" wird der Wachtelweizen schnell schwarzbraun. Er gehört der Rachenblüterfamilie (Scrophulariaceae) an und kommt fast überall in Europa vor. Er wächst nicht nur im Wald, sondern auch am Waldrand, in kargen Heidevegetationen oder auf Wiesen.

Der SALBEI-GAMANDER (Teucrium scordonia) wächst sowohl in Eichen-Birkenwäldern als auch in Buchenwäldern. Im Eichen-Birkenwald besteht ein Teil in der gesamten Kräuterschicht aus Salbei-Gamander, im Buchenwald besiedelt er nur die Randzonen oder offene Stellen, in die genügend Licht fällt. Es ist ein Lippenblüter (Lamiaceae) mit vierkantigem Stengel, kreuzgegenständigen Blättern und zweiseitig-symmetrischen Blüten, der überall in Europa bis zu einer Höhe von 1.500 m vorkommt. Die Blüten stehen in einseitswendigen Trauben. Die zweilippige Blütenkrone ist grünlich-gelb und wird von einem grünen, ebenfalls zweiseitig-symmetrischen Kelch umgeben. Die Krone besteht aus einer ungeteilten Oberlippe und einer vierzahnigen Unterlippe. Die violetten Staubfäden (zwei lange und zwei kurze) heben sich kräftig von der mäßig farbigen Blütenkrone ab. Die trockenen Blütenstengel des Salbei-Gamanders bleiben das ganze Jahr über stehen. Die Pflanze dient den Raupen eines kleinen Nachtfalters mit gelb und braun gefleckten Flügeln (Pseudopanthera macularia) als Nahrung.

DIE FAUNA:

WALDVÖGEL

Die sumpfigen Birken- und Erlenwälder werden nur von einer kleinen Anzahl Vögel bewohnt. Man trifft typische Strauchvögel an, wie den FITIS (Phylloscopus trochilus) und den ZILPZALP (Phylloscopus collybita), aber seit kurzem (1974) auch den BIRKENZEISIG (Carduelis flammea). Der letztere nistet oft in kleinen Gruppen in Birken, Erlen oder Weiden und ernährt sich von allerlei Samen (Birke, Erle, Fichte usw.) und Insekten. Auch die WEIDENMEISE (Parus montanus) zeigt eine ausgesprochene Vorliebe für diese feuchten Standplätze.

Die Eichen-Birkenwälder und die Buchenwälder bieten weiteren Vögeln Nistgelegenheit und Futter: Der KLEIBER (Sitta europea) und der Baumläufer, sowohl der GARTENBAUMLÄUFER (Certhia brachydactyla) als auch der WALDBAUMLÄUFER (Certhia familiaris), sind das ganze Jahr über in den Wäldern des Hohen Venns anwesend. Sie kommen sowohl im Laub- als auch im Nadelwald vor. Der Kleiber nistet in natürlichen Höhlen, oft in alten Spechthöhlen (vor allem in denen des Buntspechtes). Schon früh im Frühling beginnt er, seine Wohnung zu verteidigen, dann hört man überall „tschiwiet, tschiwiet, tschiwiet". Er verengt den Eingang mit Lehm und Schlamm und sticht so seine Konkurrenten (Star, Kohlmeise usw.) aus. Der Baumläufer nistet in Baumrissen oder hinter lockerer Baumrinde und verhält sich viel weniger auffallend als der Kleiber. Nur ein geübter Vogelbeobachter ist in der Lage, diesen gut getarnten Vogel wahrzunehmen.

Der WALDLAUBSÄNGER (Phylloscopus sibilatrix) zieht Buchenwälder oder alte Nadelwälder mit etwas Unterwuchs den Eichen-Birkenwäldern vor. Ab Ende April/Anfang Mai hält er sich im Hohen Venn auf. Er baut sein Nest am Boden in einem dichten Haufen Blätter oder versteckt hinter einem Farn- oder Zwergstrauch. Sein Lied, eine gleitende Flötenstrophe, der ein Triller folgt, singt er meistens von der obersten Etage des Waldes aus.

Die Spechte, ausgesprochene Standvögel, sind in den Laubwäldern des Hohen Venns besonders gut vertreten. Die am häufigsten vorkommende Art ist der BUNTSPECHT (Dendrocops major), ihm folgen der KLEINSPECHT (Dendrocops minor) und der SCHWARZSPECHT (Dryocopus martius). Der letztgenannte, ein prächtiger Vogel mit schwarzem Federkleid und feuerroter Krone - beim Männchen -, kam erst Ende des vorigen Jahrhunderts (1882) mit den Nadelholzanpflanzungen zu uns. Er nistet am liebsten in alten Buchenwäldern. Für sein Futter ist er aber auf Fichten angewiesen, denn er ernährt sich von Borkenkäferlarven, die unter der Rinde der Fichten leben und oft große Schäden anrichten können.
Seltene Spechtarten sind: der GRÜNSPECHT (Picus viridis), der GRAUSPECHT (Picus canus) und schließlich der MITTELSPECHT (Dendrocopos medius). Der Grünspecht und der Grauspecht zeigen gleiche Ernährungsgewohnheiten: Beide ernähren sich fast ausschließlich von Roten Waldameisen. Diese Ameisenart baut am Waldrand große Hügel aus Fichtenzweigen und -nadeln. Die Spechte picken in die Hügel große Löcher und lecken mit Hilfe ihrer langen, beweglichen Zunge die Ameisen heraus. Der Grauspecht hat es in den kalten Wintern auf den Hochebenen leichter als der Grünspecht. Dieser frißt auch im Winter ausschließlich Ameisen, während der Grauspecht daneben u.a. das Fett auf den Futterplätzen sucht. Außer im Laubwald leben beide Vögel auch in etwas älteren Nadelwäldern mit Unterholz.

Der König des Ardennenwaldes, der HABICHT (Accipiter gentilis), hält sich ebenfalls in den Wäldern des Hohen Venns auf. Diese Vogelart verzeichnete eine bedeutende Zunahme, seitdem alle Tag- und Nachtgreifvögel unter Schutz gestellt wurden.

Ein Vogel, der in den letzten Jahrzehnten stark zugenommen hat, ist die HOHLTAUBE (Columba oenas). Diese Zunahme verläuft parallel mit der des Schwarzspechtes, der passende Nisthöhlen für diesen Höhlenbrüter schafft.

Das HASELHUHN (Tetrastes bonasia), ein Verwandter des Birkhuhns von geringerer Feinheit und mit weniger auffallender Farbzeichnung, brütet wahrscheinlich in den Laubwäldern des Hohen Venns. Auch die WALDSCHNEPFE (Scolopax rustica) soll dort vorkommen. Sie brütet mit Vorliebe in Eichen-Birkenwäldern, aber auch in jungen Nadelwäldern baut sie ihr Nest, eine im Unterholz versteckte Nestkuhle, die mit abgestorbenen Blättern ausgekleidet wird.

Selten geworden ist in den Eichen-Birkenwäldern der Hochebenen der PIROL (Oriolus opidus). Früher war er dort ein häufiger Gast, zog aber in den fünfziger Jahren in wärmere Regionen. Gelegentlich nistet er noch hier und da, so u.a. im Geitzbusch.

GESETZESWIDRIGES ÖLABLASSEN

Im Gegenteil, es handelt sich hier um eine natürliche Erscheinung! Bei der Oxydation von Eisen durch Hinzufügen von Bakterien beispielsweise setzt sich ein Teil des entstandenen Eisenhydroxyds an der Wasseroberfläche ab. Das Schillern entsteht durch die Brechung des Lichts an dieser dünnen Eisenhydroxyd-Schicht.

SCHOTTERANHÄUFUNG IN DEN FLUßTÄLERN

Während der Eiszeiten wurden große Schotterbrocken mitgeführt, die durch starke Frotsverwitterung an die Oberfläche gelangt waren. Die meisten landeten in den Flußtälern und häuften sich dort auf. Einige Felsbrocken gelangten nicht so weit und blieben mitten im Venn liegen.

SÄUGETIERE IM WALD

Die meisten Säugetiere, die in den Ardennen vorkommen (Edelhirsch, Reh, Wildschwein, Dachs, Fuchs usw.), werden auch im Hohen Venn angetroffen. Für einige unter ihnen bildet das Naturschutzgebiet Hohes Venn einen wichtigen Zufluchtsort, da sie in den umliegenden Gebieten gejagt werden.
Ein typisches Beispiel hierfür ist die WILDKATZE (Felix sylvestris), die sich seit dem Zweiten Weltkrieg, aus dem Osten (deutsche Eifel) und aus dem Süden (Gaume und französisches Lothringen) kommend, hier verbreitete. Ihre unauffällige Lebensweise und die Ausgedehntheit der geschützten Gebiete bewirkten eine Zunahme dieser Säugetierart. Vor allem seit den letzten Jahren kann man diese Tierart im Hohen Venn stets mehr beobachten. Die Nahrung der Wildkatze besteht hauptsächlich aus Mäusen (bis 90%), aber auch aus Eichhörnchen, Hasen und Vögeln. Jährlich zieht sie ein oder zwei Junge groß.

Ein anderes typisches Waldtier, das in der Umgebung des Hohen Venns vorkommt, ist der BAUMMARDER (Martes martes). Dieser spezifische Feind des Eichhörnchens ernährt sich von waldbewohnenden Nagetieren sowie von Vögeln und Eiern. Des weiteren stehen auch Früchte, vor allem Waldbeeren, auf seinem Speisezettel. Er lebt in den großen, sehr geschlossenen Gebieten des Hochplateaus und zieht Nadel- und Mischwälder den Laubwäldern vor. In den letzten Jahrzehnten erfuhr die Baummarderpopulation infolge des erhöhten Freizeitbetriebs in den Wäldern einen starken Rückgang.

Von den kleinen Säugetieren muß die HASELMAUS (Muscardinus avellaniarius) erwähnt werden. Das kleine, orange-braune Tier ernährt sich von Samen, Beeren, Nüssen und anderen Früchten; darüber hinaus frißt es Insekten und Insektenlarven. Dieser abwechslungsreiche Speiseplan hat zur Folge, daß die Haselmaus gern in Wäldern mit dichtem Unterwuchs (Eichen-Birkenwald) lebt und beinahe nie in Nadelwäldern vorkommt. Ihren von Oktober bis April dauernden Winterschlaf hält sie in einem Winternest auf dem Boden, aber auch in niedrighängenden Nistkästen wagt sie zu überwintern. In diesem Teil Belgiens ist die Haselmaus sehr selten.

Die halbnatürlichen Landschaften

Das Naturschutzgebiet des Hohes Venns beherbergt neben den natürlichen Hochmooren (ca. 150 ha) hauptsächlich halbnatürliche Landschaften. Dies sind Landschaften, deren Äußeres durch Eingriffe des Menschen (Beweidung, Mähen, Moorbrandkultur usw.) geprägt ist, deren Flora und Fauna aber in der Zusammensetzung größtenteils natürlich ist. Diese hängt von der meist mineralarmen Bodenbeschaffenheit ab und vom Klima, welches boreo-atlantisch mit leicht kontinentalem Charakter ist.

Die moorigen und die trockenen Heidegebiete sind Teil dieser halbnatürlichen Biotope. Sie ersetzen die ehemaligen Eichen-Birkenwälder und die Buchenwälder auf der Hochebene. Auch die in den Flußniederungen gelegenen Wiesen sind, was die Pflanzen- und Tierwelt betrifft, trotz der Eingriffe des Menschen noch mehr oder weniger natürlich. Durch die besondere Bewässerungstechnik („abissage"), die Höhenlage und den stark schwankenden Feuchtigkeitsgehalt des Bodens entstanden eine große Vielfalt und Unterschiede im Pflanzenwuchs. In nur wenigen Metern Abstand voneinander trifft man Schwingmoore, feuchte Wiesen, trockene Grasflächen und Heiden an. In diesen halbnatürlichen Landschaften müssen wegen des Wegfalls der landwirtschaftlichen Nutzung die jetzigen Bewirtschafter fortwährend eingreifen. Falls nicht, werden diese Landschaften wieder verwalden. Es handelt sich also um instabile Pflanzengemeinschaften, die in voller Evolution sind.

Die Heide

DIE GROSSEN VEGETATIONSEINHEITEN

Die nassen Böden mit relativ dünner (weniger als 50 cm) oder fehlender Torfschicht werden von monotonen Grasflächen mit Pfeifengras (Molinea caerulea) und Rasensimse (Scirpus cespitosus ssp. germanicus) eingenommen. Im Herbst bildet diese Simse mit ihren gelben Strubbelköpfen eine willkommene Abwechselung in der ziemlich farblosen, durch das Pfeifengras vergrasten Vegetation. Auch das Scheidige Wollgras, das ab Mai das gesamte Moorgebiet mit seinem weißen Flaum überzieht, ist ein treuer Bewohner der Moorheiden der Hochebene. Auf den nassesten, nicht vom Pfeifengras überwucherten Fleckchen trifft man die Kennart für die sumpfigen und moorigen Heiden an: die Gemeine Glockenheide (Erica tetralix). Dort kann man auch die prächtigen, tiefblauen Lungen-Enziane (Gentiana pneumonanthe) und eine Anzahl von Orchideen, u.a. das Venn-Knabenkraut (Dactylorhiza spagnicola), das Flecken-Knabenkraut (Dactylorhiza maculata) und die Zweiblättrige Waldhyazinthe (Plantanthera bifolia ssp. bifolia) bewundern. Im letzteren Fall handelt es sich um eine Unterart, die sich an die mineralarmen Böden angepaßt hat. Diese Pflanze, die im Vergleich mit der Unterart der neutralen und basischen Böden etwas kleiner ist und einen relativ kurzen Sporn besitzt, blüht bis spät in den Sommer (Ende Juli / Anfang August) und wählt sowohl feuchte als auch trockene Standplätze aus. Auch die Sparrige Binse (Juncus squarrosus) läßt sich in den moorigen Heidegebieten sehen, aber dann meist an stark betretenen Stellen. Torfmoose haben einen wichtigen Anteil in der Moosschicht der moorigen Heiden. Von den Torfmoosen müssen vor allem das Dichte Torfmoos (Sphagnum compactum), das Weiche Torfmoos (Sphagnum molluscum) und das Fransen-Torfmoos (Sphagnum fimbratum) genannt werden. Auch Lebermoose sind mit von der Partie, eine der am häufigsten vorkommenden Arten ist das Nacktkelchmoos (Gymnocoela inflata).
Ein holziges Gewächs, das sich in den moorigen Heiden zuhause fühlt, ist die Kriechweide (Salix repens ssp. repens). Diesen Zwergstrauch oder Busch (höchstens 1,5 m hoch) mit seinen silbergrünen Blättern beachtet kaum ein Spaziergänger.
Die moorigen Heiden gehören zum Glockenheide-Verband (Ericion tetralicis) und müssen der Klasse der feuchten Heiden und Torfmoosbulten-Gesellschaften (Oxycocco-Sphagnetea) zugerechnet werden. Die Pflanzengesellschaft selbst gehört zur Glockenheide-Gesellschaft (Ericetum tetralicis).

Die höhergelegenen Stellen mit trockenen Lehmböden und einem guten Wasserhaushalt (genannt „durèts" oder „sètchamps" = trockene Felder), werden von der Hochheide-Gesellschaft (Calluno-Vaccinietum vitis-idaeae) beherrscht. Auch die trockenen Wälle der ehemaligen Frosthügel werden von dieser Pflanzengesellschaft besiedelt.

SCHMALBLÄTTRIGES WOLLGRAS IN BLÜTE

In den feuchten Niedermooren tragen die Halme des Schmalblättrigen Wollgrases Büschel gelben Flaumhaares. Auch in den nassen Schlenken des Hochmoores ist dieses Wollgras mit seinen mehrfachen Blütenähren zu finden.

GEMEINER BLÄULING

Allerlei Feuerfalter und Bläulinge bevölkern Niedermoore mit Schlangenknöterich und Sumpfveilchen. Auch der gemeine Bläuling läßt sich in diese nassen Biotope locken; er bevorzugt dort den Sumpf-Hornklee.

Neben dem Heidekraut (Calluna vulgaris) trifft man dort drei Sorten Waldbeeren an: die Heidelbeere (Vaccinium myrtillus), die Preiselbeere (Vaccinium vitis-idaea) und die Rauschbeere (Vaccinium uligonosus). Diese Hochheide-Gesellschaft ist typisch für boreo-montane Gebiete mit hoher Luftfeuchtigkeit und gehört zum Heide-Ginster-Verband (Calluno-Genistion pilosae). Sowohl der Sand-Ginster (Genista pilosa) als auch der Englische Ginster (Genista anglica), die zwei Kennarten dieses Verbandes, sind in den trockenen Heiden des Venn-Plateaus gut vertreten. Ihr kräftigeres Familienmitglied, der Besenginster (Sarothamnus scoparius), kommt ebenfalls in dieser Landschaft vor. Was die Graspflanzen angeht, so kann vor allem die Draht-Schmiele (Deschampsia flexuosa) vermehrt auftreten. Sobald es feuchter wird, nimmt das Pfeifengras (Molnea caerulea) ihren Platz ein. Trittfeste Gräser, wie das Borstgras (Nardus stricta), der Haar-Schwingel (Festuca filiformis) und ebenso der Dreizahn (Sieglingia decumbens), wachsen mit Vorliebe entlang der Pfade, wo das Betreten sich nachteilig auf die typische Heidevegetation auswirkt. Der Blutwurz (Potentilla erecta) und das Harz-Labkraut (Galium saxatile) leben auch gern in dieser grasreichen Heidevegetation.

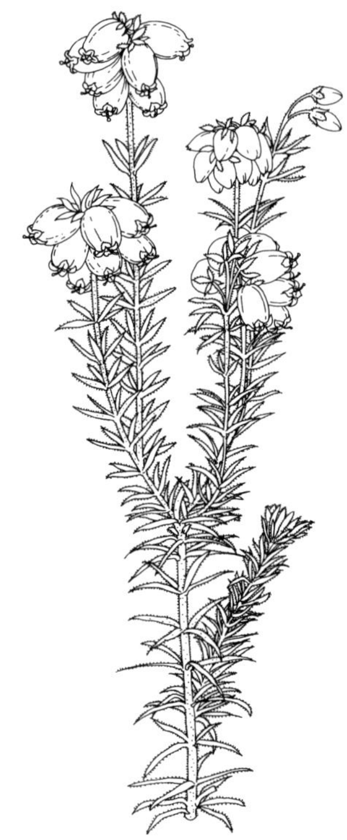

Glockenheide

Die trockene Hochheide ist besonders reich an Moosen und Flechten: Gemeines Widertonmoos (Polytrichum commune), Schönes Widertonmoos (Polytrichum formosum), Besen-Gabelzahnmoos (Dicranum scoparium), Zypressen-Schlafmoos (Hypnum cupressiforme), Rotstengelmoos (Pleurozium schreberi) und diverse Cladonia-Arten, darunter die auffallende Becherflechte (Cladonia floerkeana).
Ein immergrüner Strauch, der sowohl in trockenen als auch in moorigen Heiden wächst, ist der Gemeine Wacholder (Juniperus communis). Von diesem zweihäusigen Nadelbaum gibt es männliche sowie weibliche Exemplare. Er ist im Hohen Venn äußerst selten geworden und darum geschützt. Der Rückgang der Anzahl dieser Sträucher oder kleinen Bäume hat verschiedene Ursachen: die frühere Nutzung von Wacholderholz zum Räuchern des Ardennen-Schinkens; seine Empfindlichkeit in Bezug auf Pilz- und Insektenbefall; und das Beenden der Beweidung, was zur Folge hatte, daß keine offenen Flecken mehr entstehen konnten; denn zum Keimen benötigt der Wacholder beinahe nackten Boden. Durch die genannten Einflüsse wurde der Wacholder bedrängt. Hier und dort konnte er sich trotzdem behaupten, z.B. im Bayehon-Tal, Duzos Moûpa etc. Außerdem wurde er von den Naturfreunden „Les Amis de la Fagne" wieder neu angepflanzt.

DIE FLORA

Die GEMEINE GLOCKENHEIDE (Erica tetralix) sorgt von Ende Juni an für etwas Farbe in den moorigen Heiden. Dieser immergrüne Zwergstrauch hat nadelförmige Blätter, die meist zu vieren in Kränzen stehen. Die rosafarbenen Blüten stehen traubig am Ende der Stengel beieinander. Sie sind deutlich vierfach: Der Kelch ist in vier Teile geteilt und die bauchige Blütenkrone hat vier kleine Zipfel. Bei den für die Bestäubung verantwortlichen Blütenbesuchern finden wir hauptsächlich Hummeln und Bienen, manchmal kommt auch Selbstbestäubung vor. Der oberständige Fruchtknoten wächst zu einer Kapselfrucht heran, die winzigen Samen werden vom Wind verbreitet.

Heidekraut

Das HEIDEKRAUT (Calluna vulgaris) blüht erst zum Ende des Sommers und steht auf trockenen Standplätzen. Heidekraut wird meistens nicht höher als 50 cm, nur ausnahmsweise bildet es Sträucher von einem bis gut eineinhalb Metern Höhe. Die Pflanze ist stark verzweigt und hat am Ende der Blütenzweige viele rosarote oder violette Blüten. Ebenso wie bei der Glockenheide sind die kleinen Blüten vierfach, doch der Kelch wie auch die Krone sind tiefgeteilt. Sie erzeugt viel Blütenstaub und Nektar und wird stark von Bienen und anderen Insekten beflogen. Auch hier entwickelt sich der oberständige Fruchtknoten zu einer Kapselfrucht, die enorme Mengen Samen von äußerst kleinen Abmessungen enthält. Die Samen werden im Herbst und im Winter vom Wind herausgeschüttelt. Die kleinen Sträucher werden nicht älter als 15 Jahre und haben unter dem Heidekäfer (Lochmaea suturalis) zu leiden. Sowohl der Käfer als auch die Larve fressen die Blätter und die jungen Schößlinge ab, wodurch die Pflanze abstirbt. Das Resultat ihrer Freßlust ist auf der Heide dann deutlich zu sehen: Die Heide wird in kürzester Zeit braun.

Die HEIDELBEERE oder Blaubeere (Vaccinium myrtillus), ist ein stark verzweigter, blattverlierender Zwergstrauch. Die hellgrünen, kantigen Zweige können sogar im blattlosen Zustand die Kohlensäureassimilation bzw. Photosynthese fortführen. Die Heidelbeere ist somit auch ein immergrüner Zwergstrauch. Die Blüten sind blaßgrün bis rosarot und stehen gewöhnlich einzeln in den Achseln der eiförmigen, gezähnten Blätter. Die bauchige Blütenkrone hat fünf kurze, nach außen gerollte Zipfel. Die fünf verwachsenen Kelchblätter bilden den Kelch, der von

Preiselbeere

Blaubeere

Rauschbeere

einem ringförmigen Kelchrand umgeben ist. Nach der Befruchtung (durch Hummeln oder Bienen) entsteht eine blaue Beere, deren Saft und auch Fruchtfleisch eine rotblaue Farbe haben. Nicht nur das Birkhuhn, sondern auch der Mensch genießt diese Beeren! Im Naturschutzgebiet dürfen diese Beeren jedoch nur entlang der offiziellen Wege und ohne Kamm gepflückt werden.

Die PREISELBEERE (Vaccinium vitis-idaea), auch Kronsbeere genannt, ist ein immergrüner kleiner Strauch mit glänzenden, lederartigen Blättern. Sie sind umgekehrt eiförmig mit umgerolltem Rand. Ihre Oberseite ist dunkelgrün, ihre Unterseite dagegen hellgrün mit dunklen Pünktchen: die Poren bzw. Spaltöffnungen. Xeromorpher Bau, dünne Wachsschicht und umgerollter Rand schützen gegen Austrocknung im Winter und Feuchtigkeitsverlust im Sommer (Peinomorphie). Die fünf- oder vierfachen Blüten stehen in einseitswendigen Trauben. Die Blütenkrone ist glockig, dabei aber tief geteilt und weiß oder hellrosa. Der Kelch hat deutliche, dreieckige Zipfel, die dieselbe Farbe wie die Blütenkrone haben. Nach der Bestäubung durch Insekten oder spontane Selbstbestäubung beginnt der Strauch, kleine Beerentrauben zu entwickeln. Im Reifezustand sind diese dunkelrot. Oft bleiben sie, dank des Vorhandenseins eines natürlichen Konservierungsmittels, der Benzoesäure, bis in den Winter am Strauch hängen. Diese Beeren stehen im Winter auf dem Speisezettel des Birkhuhns und dürfen auf gar keinen Fall gepflückt werden! Die Preiselbeere wächst ausschließlich in den kalten und kalt-gemäßigten Zonen der nördlichen Halbkugel. Im Süden kommt sie nur im Gebirge vor. Es handelt sich demnach um eine zirkumboreal-montane Art.

Das letztere gilt im übrigen auch für die RAUSCHBEERE (Vaccinium uliginosus), die auch Trunkelbeere genannt wird. Es handelt sich um einen blattabwerfenden kleinen Strauch, der meistens etwas größer wird als die beiden vorher genannten Arten. Die Zweige sind holzig, graubraun und rund. Die Blätter sind eiförmig, glattrandig und der Rand ist leicht eingerollt. Von oben sind sie dunkelgrün, von unten blaugrün. Die Blüten sind vier- oder fünffach und stehen in kleinen Gruppen (zu 4 oder 5) am Ende der kurzen Seitenzweige beieinander. Die bauchige Blütenkrone ist weiß oder hellrosa. Der Kelch ist grün und mit deutlichen Zipfeln versehen. Die Beeren sind schwarz, der Saft und das Fruchtfleisch beinahe farblos und nicht besonders schmackhaft. Was die Giftigkeit dieser Beeren betrifft, so gehen die Ansichten darüber stark auseinander. Die Rauschbeere bildete früher die Nahrungspflanze für den Hochmoor-Gelbling (Colias palaeno). Diese seltene, zirkumboreal-montane Schmetterlingsart ist seit einigen Jahrzehnten im Hohen Venn ausgestorben.

PRODUKTIONSWALD

Seit Mitte des 19. Jahrhunderts wurden im Hohen Venn in großer Zahl Fichten angepflanzt. Vor allem moorige und trockene Heidefelder, aber auch echte Hochmoore wurden meist nach den Dränungen in Produktionswälder umgewandelt.

WILDSCHWEIN

Ein behender, borstiger Bewohner der gemischten Laub- und Nadelwälder mit Unterwuchs, der sich selten vor der Dämmerung auf den Lichtungen zeigt, ist das Wildschwein. Mit seinem kegelförmigen Rücken wühlt es auf der Suche nach Wurzeln von Kräutern und Gräsern den Boden um. Bei Gefahr wechselt es seinen Standplatz und kann dabei mühelos in einer Nacht bis zu 80 Kilometer zurücklegen.

Der SAND-GINSTER (Genista pilosa) und der ENGLISCHE GINSTER (Genista anglica) sind Teil des Geschlechtes der Heideginster (Genista). Beide Ginsterarten werden selten höher als 50 cm. Diese Höhe erreichen sie nur, wenn sie im Schatten wachsen oder durch andere Pflanzen bedrängt werden. Der Sand-Ginster kann leicht anhand seiner auffallenden Behaarung identifiziert werden: Sowohl die Blätter, als auch die Außenseite der Blüten und die Schoten sind mit bräunlichen Härchen besetzt, er wird auch „Behaarter Ginster" genannt. Der Englische Ginster ist ein stacheliger, kleiner Strauch, der wenig oder gar nicht behaart ist. Die Blüten beider Sträucher, Schmetterlingsblüten, sind gelb und stehen beim Englischen Ginster in einseitswendigen Trauben und beim Sand-Ginster über die Länge des Stengels verstreut. Sie blühen schon im Frühsommer (Mai-Juni), und manchmal tritt eine spärliche Nachblüte auf.

Sparrige Binse

Die SPARRIGE BINSE (Juncus squarrosus) und die RASENSIMSE (Scirpus cespitosus) werden vom Laien oft verwechselt. Dabei handelt es sich hier um zwei völlig verschiedene Pflanzen, die keinerlei Verwandtschaft miteinander haben: Die Sparrige Binse gehört zur Binsenfamilie (Juncaceae), die Rasensimse zur Familie der Zyperngräser (Cyperaceae). Die Sparrige Binse besteht aus einer großen Anzahl steifer, rinnenförmiger Wurzelblätter, die eine dichte Sode bilden. Hieraus entspringt ein blattloser Blütenstengel, der in einem Blütenstand von mehreren rostbraunen Blüten endet. Jede der kleinen Blüten hat eine sechsblättrige Blütenhülle, sechs Staubfäden und einen Stiel mit drei fadenförmigen Stempeln. Die Rasensimse hat verschiedene Blütenstengel mit nur einer kleinen Blütenähre an deren Ende. Die Blüten sind zweigeschlechtig, die Blütenhülle fehlt. Die Blütenstengel stehen dicht beieinander und haben stark reduzierte Blätter: das oberste Blatt hat einen 2 bis 10 mm langen Blattspreit. Im Gebiet des Hohen Venns kommen zwei Unterarten der Rasensimse vor: die Subspezies germanicus und cespitosus - wobei letztere äußerst selten ist.

Der LUNGEN-ENZIAN (Gentiana pneumonanthe) ist eine typische kleine Pflanze nasser Heidevegetationen und nicht-gedüngter Wiesen. Regelmäßige Gesellschafter sind: die Gemeine Glockenheide, das Pfeifengras und an stark betretenen Stellen auch die Sparrige Binse. Diese Enzianart ist an ihrer tiefblauen Blütenkrone zu erkennen, die von außen fünf grüne Längsstreifen hat. Gegen Abend schließt die Blütenkrone sich, so daß nur noch die grünen Streifen sichtbar sind. Der grüne Kelch ist wie die Blütenkrone ebenfalls glockig und endet in fünf schmalen Zähnchen. Die Staubfäden sind an der Blütenkrone angesetzt und liegen am oberständigen Fruchtknoten an. Der beinahe sitzende Stempel ist in zwei Teile gespalten und kann sich, wenn der Besuch von Insekten ausbleibt, gegen den eigenen Staubbeutel neigen und so für Selbstbestäubung sorgen. Die Pflanze hat lineale bis lanzettförmige Blätter, die jeweils zu zweit entlang der mehr oder weniger vierkantigen Stengel stehen. Dieser Enzian blüht von August bis Ende September. Er dient dem Kleinen Moorbläuling als Wirtspflanze. Dieser Schmetterling ist, genau wie seine Futterpflanze, sehr selten im Hohen Venn.

DIE FAUNA:

SPINNEN UND INSEKTEN IN DER HEIDE

Heidevegetationen sind reich an Spinnen und Insekten: Sackspinnen, Wolfsspinnen, Laufkäfer, Bienen, Hummeln usw. - zu viele, um sie alle einzeln aufzuzählen. Einige der auffallendsten Arten sollen hier unter die Lupe genommen werden.

Von zwei SACKSPINNEN (Clubionidae), der Agroeca brunnea und der Clubiona reclusa, fallen vor allem die Eigespinste auf. Agroeca legt ihr Eihäufchen, das mit einem weißen Gespinst abgedeckt wird, unter einer kleinen gestielten Plattform ab. Darunter spinnt sie eine Art kleine Glocke, die als Kinderzimmer dient. Diese Gespinste, auch „Feenlämpchen" genannt, werden an den oberen Zweigen eines Zwergstrauchs (Heidekraut, Blaubeere usw.) befestigt und mit Erde bestreut. Clubiona dagegen benutzt die Blätter des Pfeifengrases: Sie biegt ein Blatt um und spinnt es fest, so daß eine Art kleiner Sack entsteht, in dem sie dann ihre Eier ablegt.

Radnetz einer Kreuzspinne

Eine andere Spinnenart der Heiden ist die bekannte, sehr häufig vorkommende KREUZSPINNE (Aranus diadematus). Diese Spinne, die sehr unterschiedlich in der Farbgebung sein kann (von gelb-braun bis rot-braun, selbst schwarz), hat eine Anzahl weißer Flecken, die kreuzförmig angeordnet sind. Sie spinnt im Heidegesträuch oder zwischen Pfeifengräsern große, radförmige Netze mit sehr elastischen Fäden.

Auch die VIERFLECK-KREUZSPINNE (Araneus quadratus), eine Radnetzspinne mit vier großen, weißen Flecken auf dem kugelig-runden Hinterleib (Abdomen), konstruiert inmitten der vergrasten Heidevegetation ein ähnliches Netz. Der Durchmesser beider Spinnennetze kann bis zu 40 cm erreichen.

Der HEIDEKÄFER (Lochmaea suturalis) ist ein kleiner gelbbrauner Käfer von kaum einem halben Zentimeter Länge. Die ausgewachsenen Käfer erscheinen im April, nachdem sie im Heideboden überwintert haben. Im Mai und Juni legen die Weibchen ihre Eier in den Boden und sterben anschließend. Einige Wochen später kommen die Larven hervor und tun sich an den jungen Zweigen des Heidekrautes gütlich. Anfang August verpuppen sie sich und zum Ende des Sommers erscheint eine neue Generation Heidekäfer. Diese kriechen im Oktober wiederum in den Boden, um dort zu überwintern. Eine starke Bevölkerungsexplosion bei diesem Käfer, z.B. in einem nassen Frühjahr, verursacht häufig ein starkes Absterben der Heidesträucher. Besonders ältere Sträucher fallen ihm zum Opfer, die jungen scheinen widerstandsfähiger zu sein.

Der FELD-SANDLÄUFER (Cicindela campestris) ist ebenfalls ein berüchtigter Heidebewohner: Sowohl die Larve als auch der Käfer jagen Insekten, die sie mit ihren kräftigen oberen Backenzähnen ergreifen. Die Larve lebt in einem selbstgegrabenen Loch im Boden. Mit ihrem Kopf in der Öffnung des Wohnganges, der oft einige Zentimeter tief ist, lauert sie den arglosen Bodentieren auf. Sobald sie die Beute ergriffen hat, verschwindet die Larve in ihrem Loch. Auch die ausgewachsenen Insekten mit ihren violetten Beinen und mit ihren prächtigen grünen Deckflügeln, die mit elfenbeinfarbenen Flecken verziert sind, graben jeden Abend ein Übernachtungsloch.

Ein anderer Raubkäfer ist die GOLDLEISTE (Carabis violaceus). Dieser relativ große Käfer (bis 3 cm) ernährt sich von allerlei kleinen Bodentieren und Insektenlarven, selbst Regenwürmer verachtet er nicht. Mit seinen langen Beinen kann er sehr schnell laufen, fliegen kann er jedoch nicht. Wie alle Laufkäfer steht er unter Naturschutz. Diese Maßnahme wurde getroffen, weil Laufkäfer nicht oder beinahe nicht fliegen können und deshalb bei Verlust ihres Biotops nur schwer einen Ersatz finden. Die Goldleiste kommt nicht nur in moorigen Heiden vor, sie lebt auch in feuchten Wäldern.

Zwischen den Zweigen des Heidekrautes findet man manchmal einen großen, birnenförmigen Kokon. Darin verpuppt sich das GROSSE NACHTPFAUENAUGE (Saturnia pyri). Dieser schöne Nachtfalter ist mit bis zu 10 cm der größte Falter Europas und erreicht bei uns die nördliche Grenze seines Verbreitungsgebietes. Seine braunen Flügel sind mit augenähnlichen Flecken verziert, die von farbigen Ringen umgeben sind. Diese Augenflecken sollen dazu dienen, Vögel abzuschrecken.

Unter den Tagfaltern müssen zwei Bläulinge (Lycaenidae) genannt werden. Der ARGUSBLÄULING (Plebejus argus) ist eine in den Heidegebieten sehr seltene Falterart. Die Raupen leben von den jungen Schößlingen und Blütenknospen des Heidekrautes und der Glockenheide, können aber auch Schmetterlingsblüter, z.B. Ginster, befallen. Der KLEINE MOORBLÄULING (Maculinea alcon) ist ein eher seltener Bläuling, der sich den Lungen-Enzian als Nahrungspflanze auserkoren hat. Die Raupen dieser beiden Bläulingsarten leben in Symbiose mit Ameisen und verpuppen sich in den Nestern, in denen sie auch überwintern. Sobald eine Ameise eine Bläulingspuppe aufgefunden hat, transportiert sie diese zu einer nahegelegenen Nahrungspflanze oder zum Nest selbst. Die Raupe zeigt sich für diesen Dienst mit der Produktion einer süßschmeckenden Flüssigkeit erkenntlich, die von den Ameisen mit Genuß aufgeleckt wird.

REPTILIEN UND AMPHIBIEN IN DER HEIDE

In den moorigen Heiden kommt die schon früher besprochene WALDEIDECHSE (Lacerta vivipara) häufig vor. Man kann allerdings auch den GRASFROSCH (Rana temporaria), die GEWÖHNLICHE KRÖTE (Bufo bufo) und die RINGELNATTER (Natix natrix) antreffen. Diese Schlange, die eineinhalb Meter lang werden kann, ist vollkommen ungefährlich. Sie ist graubraun von Farbe und hat einen gelb-weißen, nicht vollständig geschlossenen Ring dicht hinter dem Kopf. Auch die BLINDSCHLEICHE (Anguis fragilis), eine Eidechsenart ohne Beine, die oft für eine Schlange gehalten wird, lebt in diesen Heidegebieten. Sie wird selten länger als 50 cm und bringt, ebenso wie die Waldeidechse, lebende Jungen zur Welt. Das Tier verfügt gleichfalls über eine ähnliche Täuschungsmethode: Es wirft von seinem Schwanz ein Stück ab, das noch eine ganze Zeit lang weiter schlängelt und so den Verfolger irreführt.

Eine eher seltene Erscheinung ist die SCHLINGNATTER (Coronella austrica), die sich schwer beobachten läßt. Diese kleinere Schlangenart, maximal 80 cm lang, meidet allzu feuchte Plätze.

DIE GEMEINE KRÖTE

Auch Kröten fühlen sich im Hohen Venn zu Hause. Ab April begeben sich diese Nachttiere an Tümpel oder Pfuhle, um dort für Nachwuchs zu sorgen. Den Tag verbringen sie meistens in einem festen Unterschlupf.

Sie hat eine ausgesprochene Vorliebe für sonnige Flecken in der trockenen Heide. Vor der KREUZOTTER (Viperus berus) brauchen Sie sich nicht zu fürchten, denn sie kommt in diesem kalten und feuchten Gebiet nicht vor.

SÄUGETIERE IN DER HEIDE

In den trockenen und den moorigen Heidegebieten hausen allerhand kleine Nagetiere (Rodentia) und Insektenfresser (Insektivoren), darunter: die ERDMAUS (Microtus agrestis), die WALDSPITZMAUS (Sorex araneus), die WALDMAUS (Apodemus sylvaticus) und die GELBHALSMAUS (Apodemus flavicollis), letztere wird auch Große Waldmaus genannt. Der ROTFUCHS (Vulpes vulpes) sorgt, zusammen mit anderen Raubtieren, wie z.B. dem MAUSWIESEL (Mustela nivalis), dem HERMELIN (Mustela erminea) und dem ILTIS (Mustela putorius) dafür, die Nagetierpopulationen dieser grasigen Gebiete in Schranken zu halten.

Auch die großen Weidetiere, wie das REH (Capreolus capreolus) und der ROTHIRSCH (Cervus elaphus) zeigen sich häufig in den Heiden des Hohen Venns. Sie haben die Aufgabe der früheren Weidetiere (Ziegen und Schafe) übernommen. Leider lassen sie das harte Pfeifengras stehen, eine Grasart, die nur von der Heidschnucke gut vertragen wird. Diese Schafsrasse wird in unseren Nachbarländern wieder in Heide- und Moorgebieten ausgesetzt, in denen man mit Vergrasung zu kämpfen hat. Man will dadurch den ursprünglichen Charakter wieder herstellen helfen (z.B. Lüneburger Heide, Deutschland; De Grote Peel, Niederlande).

VÖGEL IN DER HEIDE

Die am häufigsten vorkommende Vogelart in den grasigen Heideflächen ist der WIESENPIEPER (Anthus pratensis). Nicht selten trifft man diesen kleinen Vogel sogar mitten im Hochmoor an. In Heiden mit viel Baumbewuchs (Ohr-Weide, Birke, Fichte usw.) überläßt er dem BAUMPIEPER (Anthus trivialis) das Feld. Beide haben ein fast identisches Federkleid: braun gestreift, die äußersten Schwanzspitzen weiß und eine weiße oder isabellfarbene Unterseite. Sie sind schwer voneinander zu unterscheiden. Die Balz, die mit einem fallschirmartigen Rückflug endet, wird von beiden Arten mit gleicher Begeisterung ausgeführt. Der Wiesenpieper beginnt seinen Flug vom Boden aus, während der Baumpieper einen Baum als Startplatz vorzieht. Darüber hinaus unterscheidet sich ihr Gesang deutlich. Der Wiesenpieper beginnt erst zu singen, wenn er beinahe oben in der Luft ist. Beim Herunterfliegen läßt er eine Anzahl langgezogener Flötentöne „whee, whee, whee" hören, denen ein melodiöser Triller folgt. Der Baumpieper singt schon während des Aufsteigens, im Herabfliegen beendet er sein musikalisches Lied mit einem schrillen „zia, zia, zia".

Der FELDSCHWIRL (Locustella naevia) sucht gleichfalls die moorigen Heiden auf. Die Wahrscheinlichkeit, daß das schnarrende Geräusch, das man auf den Pfeifengrasfeldern hören kann, von diesem Singvogel produziert wird - und nicht von einer Heuschrecke - ist sehr groß.

Heideflächen mit vereinzelt wachsenden Bäumen und Sträuchern sind die vom SCHWARZKEHLCHEN (Saxicola torquata) und vom RAUBWÜRGER (Lanius excubitor) geschätzten Gebiete. Beide Vögel benutzen Bäume als Sitzplätze und als Ausguckposten, um auf ihre Opfer zu lauern. Der Raubwürger überfällt kleine Vögel, Mäuse, Eidechsen und Insekten. Das Schwarzkehlchen dagegen begnügt sich mit Insekten.

Ein anderer Vogel, der sich gern in den Heidengebieten des Hohen Venns aufhält, ist der ZIEGENMELKER (Caprimulgus europaeus). Oft nistet er auch in den mit Weideröschen und Fingerhut bestandenen frischen Kahlschlägen in den ausgedehnten Fichtenanpflanzungen. Heidelerche, Raubwürger und Ziegenmelker gehören in Belgien zu den am meisten bedrohten Vogelarten.

In den Heiden brüten noch viele andere Vögel: der FITIS (Phylloscopus trochilis), die DORNGRASMÜCKE (Sylvia communis), die GARTENGRASMÜCKE (Sylvia borin), der selten gewordene STEINSCHMÄTZER (Oenanthe oenanthe), die HECKENBRAUNELLE (Prunella modularis), der KUCKUCK (Cuculus canorus), der seine Eier gern in das Nest eines Piepers legt, und seit einigen Jahren zunehmend auch die WACHOLDERDROSSEL (Turdus pilaris) und der KIEBITZ (Vanellus vanellus).

Sumpfohreule

STEINALTE BUCHEN

Auf den trockensten Böden wachsen von alters her Buchenwälder. Einige dieser uralten Buchen konnten den Zeiten trotzen und weisen wie ehedem dem verirrten Moorwanderer den Weg.

FLECHTEN

Flechten setzen sich aus einem Pilz und einer Alge zusammen. Sie reagieren äußerst empfindlich auf Luftverschmutzung und werden darum nur selten in Industriegebieten vorgefunden. Die üppig bewachsenen Zweige auf dem nebenstehenden Foto lassen demnach auf eine relativ saubere Umgebung schließen.

Übersicht der wichtigsten Pflanzenarten der Wiesen mit submontanem Charakter *(Meo-Centauretum nigrae)* im Hohen Venn

1.
Pflanzen der Borstgras-Rasen und Zwergstrauchheiden *(Nardo-Callunetea).*

Carex pilulifer	Pillensegge
Luzulla multiflora ssp. *congesta*	Vielblütige Hainsimse
Potentilla erecta	Blutwurz
Sieglinga decumbens	Dreizahn

1.1.
Pflanzen der Borstgras-Rasen *(Nardetalia)*

Arnica montana	Arnika
Centaurea nigra	Schwarze Flockenblume
Carex palescens	Bleiche Segge
Festuca filiformis	Haarschwingel
Galium saxatile	Harz-Labkraut
Genistella sagittalis (++)	Flügelginster
Hypericum maculatum	Geflecktes Johanniskraut
Lathyrus linifolius var. *montanus*	Berg-Platterbse
Meum anthamanticum	Bärwurz
Narcissus pseudonarcissus	Gelbe Narzisse
Nardus stricta	Borstgras
Pedicularis sylvatica (+)	Waldläusekraut
Plantanthera bifolia ssp. *bifolia (+)*	Zweiblättriges Breitkölbchen
Polygala vulgaris	Gemeine Kreuzblume
Polygala serpyllifolia	Quendel-Kreuzblume
Thesium pyrenaicum (++)	Wiesenleinblatt

1.2.
Pflanzen der Ginsterheiden *(Vaccinio-Genistetalia)*

Calluna vulgaris	Gemeines Heidekraut
Deschampsia flexuosa	Draht-Schmiele
Genista anglica	Englischer Ginster
Genista pilosa	Sand-Ginster
Hypochoeris maculata (++)	Geflecktes Ferkelkraut
Vaccinium myrtillus	Blaubeere
Vaccinium vitis-idaea	Preiselbeere
Vicia orobus (++)	Heide-Wicke

2.
Pflanzen der sandigen, trockenen Wiesen *(Koelerio-Corynephoretea)*

Campanula rotundifolia	Rundblättrige Glockenblume
Helianthemum nummularium ssp. *obscurum*	Gelbes Sonnenröschen
Hieracium pilosella	Kleines Habichtskraut
Thymus pulegioides	Gemeiner Thymian

3.
Pflanzen der Steppen und Kalktrockenrasen *(Festuco-Brometea)*

Galium pumilum	Niederes Labkraut

4.
Pflanzen der feuchten Wiesen *(Molinio-Arrhenatheretea)*

Festuca rubra	Roter Schwingel
Holcus lanatus	Wolliges Honiggras
Plantago lanceolata	Spitzwegerich
Ranunculus acris	Scharfer Hahnenfuß
Rhinanthus minor	Kleiner Klappertopf
Rumex acetosa	Sauerampfer
Trifolium pratense	Rotklee

4.1.
Pflanzen der nicht oder nur wenig gedüngten Heuwiesen *(Molinietalia)*

Achillea ptarmica	Sumpf-Schafgarbe
Angelica sylvestris	Wald-Engelwurz
Cirsium palustre	Sumpf-Kratzdistel
Crepis paludosa	Sumpf-Pippau
Dactylorhiza maculata (+)	Flecken-Knabenkraut
Dactylorhiza majalis (+)	Breitblättriges Knabenkraut
Deschampsia cespitosa	Schmiele
Lotus uliginosus	Sumpf-Hornklee
Molinea caerulea	Pfeifengras
Polygonum bistorta	Schlangen-Knöterich
Sanguisorba officinalis	Blutkraut
Serratula tinctoria (+)	Färber-Scharte
Succissa pratense	Teufelsabbiß
Valeriana repens	Kriechender Baldrian

4.2.
Pflanzen der gedüngten Heuwiesen *(Arrhenatheretalia)*

Achillea millefolium	Gemeine Schafgarbe
Anthoxanthum odoratum	Gemeines Ruchgras
Avenula pubescens	Flaumiger Wiesenhafer
Arrhenatherum elatius	Glatthafer
Briza media	Zittergras
Chrysanthemum leucanthemum	Wiesen-Margerite
Dactylis glomerulata	Gemeines Knäuelgras
Heracleum spondylicum	Wiesen-Bärenklau
Trifolium repens	Weißklee
Taraxacum sect. *vulgaria*	Löwenzahn

5.
Pflanzen der Weg- und Waldränder (-)

Agrostris tenuis	Gemeines Straußgras
Galeopsis tetrahit	Hanfnessel
Geranium sylvaticum (+)	Wald-Storchschnabel
Holcus mollis	Weiches Honiggras
Melampyrum pratense	Gewöhnlicher Wachtelweizen
Phyteuma nigrum	Schwarzer Rapunzel
Poa chaixii	Waldrispengras
Pulmonaria montana (+)	Berg-Lungenkraut
Solidago virgaurea	Echte Goldrute
Stachys officinalis	Betonie
Teucrium scorodonia	Salbei-Gamander
Veronica chamaedris	Gamander-Ehrenpreis

Erklärung der Zeichen:
(+) selten, (++) sehr selten

Die SUMPFOHREULE (Asio flammeus) kann man beobachten, wenn sie tagsüber oder in der Dämmerung auf Jagd geht. Sie hat es vor allem auf Nagetiere abgesehen. Man sollte sich aber in acht nehmen, denn Eindringlinge, die zu nahe an ihr Nest kommen, werden von diesem Vogel mit wilden Schreien verjagt. Das Nest liegt in einer Mulde zwischen dem Pfeifengrasbewuchs. Die Sumpfohreule ist nur ein sporadischer Brutvogel im Hohen Venn. Sie nistete hier nacheinander in den Jahren 1969, 1983, 1984 und schließlich auch 1990. Von dem ortsansässigen Ornitologen (Groulard) wurden die flüggen Jungen fotografiert.
Von den Taggreifern jagen in den offenen Heidegebieten nicht nur der MÄUSEBUSSARD (Buteo buteo), sondern auch der HABICHT (Accipiter gentilis) und die KORNWEIHE (Circus cyaneus). Der letztgenannte Vogel nutzt die Moorheiden als Überwinterungsgebiet. Bis Ende April bleibt er hier, dann zieht er wieder nordwärts. Ab und zu (u.a. 1986) nistet er auch im Hohen Venn.

Erwähnen wir schließlich noch den KRANICH (Grus grus), der jedes Jahr wieder (Beginn November) während seines Vogelzuges nach Süden in den wilden, offenen Gebieten des Hohen Venns Halt macht. Auch bei seiner Rückkehr, in der zweiten Märzhälfte, wählt er die moorigen Heiden als Rastplatz. Dort findet er dieselbe abwechslungsreiche Nahrung - bestehend aus Tieren und Pflanzen - wie in seinen Brutgebieten im hohen Norden. Was die Pflanzenkost angeht, nascht er von allerlei Früchten (Blaubeere, Moosbeere, Krähenbeere usw.). Auch junge Grashalme, Blätter von wildwachsenden Pflanzen (Brennessel, Klee, Vogelmiere usw.) und, falls vorhanden, Zuchtgetreide (Mais, Roggen usw.) und Kartoffeln verachtet er nicht. Seine tierischen Opfer gehören meistens zu den Wirbellosen (Insekten, Schnecken, Regenwürmer, Spinnen usw.). Aber auch Wirbeltiere (Frösche, Eidechsen, Blindschleichen usw.) stehen auf seinem Speiseplan.

Die Uferwiesen entlang der Flüsse

BEWÄSSERUNG DER WIESEN

Bestimmte kleine Täler der Hohen Ardennen zeigen noch immer deutliche Spuren einer alten Landbaumethode, die nunmehr verschwunden ist. Das Wasser der Bäche wurde umgeleitet und floß durch ein System von Bewässerungsgräben über die Wiesen, um anschließend durch einen Rückflußkanal wieder in den Bach zu gelangen. Auf diese Art und Weise wurden die Wiesen gedüngt. Diese Düngeart nannte man in wallonischem Dialekt „l'abíssadje dès prés". Es war eine Technik, die hauptsächlich auf den reicheren Böden des Jung-Devon (Sandstein, Schiefer und Phyllit) angewendet wurde. Dieses Gebiet, der zwischen Rur und der deutsch-luxemburgischen Grenze gelegene östliche Teil des Naturparks Hohes Venn-Eifel, beherbergt zahlreiche solche Abissage-Täler. Einige davon sind gesetzlich geschützt: Das Schwalmbachtal und das Olefbachtal sind Teil des Staatsnaturschutzgebietes Hohes Venn. Das Holzwarchetal wurde teilweise durch die Vereinigung der Belgischen Natur- und Vogelschutzgebiete (B.N.V.S.) aufgekauft.

Die Technik bestand darin, im Bach mit Steinen und Grassoden einen kleinen Damm zu bauen, damit der Wasserspiegel ansteigt. An diesem Punkt wurde das Wasser dann in einen Graben („bief") abgeleitet, der meistens einer bestimmten Höhenlinie folgte. Diese Gräben waren nicht allzu tief, denn das Wasser sollte über die Ränder laufen und so die tiefer gelegenen Wiesen bewässern. Gleichzeitig fingen sie das Wasser auf, das die Abhänge hinunterströmte. In den auf diese Weise bewässerten und mit Mineralien angereicherten Parzellen traten vegetative Veränderungen auf. Das Heugras wuchs schneller und höher, außerdem war sein Nährwert größer. Mit dem Aufkommen des Kunstdüngers gab man die Bewässerung der Heuwiesen in den Flußtälern nach und nach auf. Man bevorzugte mehr und mehr die besser gelegenen und weniger nassen Heuwiesen und überließ die Täler sich selbst oder pflanzte Fichten an. Eine Anzahl Parzellen in den vorher genannten Flußtälern konnte gerade noch gerettet werden. Sie wurden unter Schutz gestellt oder aber dank der finanziellen Unterstützung von Naturfreunden als Naturgebiet angekauft.

DIE GROSSEN VEGETATIONSEINHEITEN

Die tiefstgelegenen Teile der Täler entlang beider Bachseiten werden größtenteils überwuchert von rauhblättrigen Gewächsen, die dem Mädesüß-Verband (Filipendulion) angehören. Die Pflanzenarten, die hierin überwiegen, sind natürlich das Sumpf-Mädesüß (Filipendula

ORNAMENTE AUS GRÜNEN UND BRAUNEN FARBTÖNEN

Dicke Kissen aus Widertonmoos, Adlerfarn und Pfeifengras nehmen das durch Brand vernichtete Hochmoor in Besitz. Sie kündigen die Rückkehr des Laubwaldes, eines Eichen-Birkenwaldes, an.

RAUSCHBEERE

Zusammen mit der Preisel- und Blaubeere bestimmt die Rauschbeere das Aussehen der trockenen Hochheiden. Die verholzten Zweige und die bereiften blauen Beeren unterscheiden diesen kleinen Strauch von den beiden anderen Arten.

ulmaria), aber auch die in diesen Gebieten seltene Wald-Simse (Scirpus sylvaticus), der Schlangen-Knöterich (Polygonatum bistorta), der Wald-Engelwurz (Angelica sylvestris) und das Rohr-Glanzgras (Phalaris arundinacea). Hier und dort ist der Kopf einer Ohr-Weide (Salix aurita) zu erblicken und kündigt damit das folgende Stadium in der Folge der Vegetationsordnung an: das Faulbaum-Ohrweiden-Gebüsch (Salicion auriatae). Das Ausbleiben der traditionellen landwirtschaftlichen Nutzung (Mähen) ist die Ursache des zunehmenden Bewuchses mit rauhblättrigen Gewächsen und der Bewaldung dieser nassen Wiesen. An Stellen mit sehr sumpfigem Boden sind kleine Niedermoore entstanden mit Binsen- (Juncetum acutiflori) und Seggengesellschaften (Caricetum curto-echinatae). Alle Sumpfpflanzen wie Sumpf-Fieberklee (Menyanthes trifoliata), Blutauge (Comarum palustre), Teichschachtelhalm (Equisetum fluviatile), Sumpf-Labkraut (Galium palustre), Moor-Labkraut (Galium uliginosum), Sumpf-Weidenröschen (Epilobium palustre) usw., sind hier vertreten.

Zwischen den Abissage-Gräben und den flußtalbegleitenden Vegetationen sind es jedoch vor allem die beide Talflanken bedeckenden, mit Blumen übersäten Wiesen, die die Aufmerksamkeit des Betrachters erregen. Diese Wiesen spiegeln den submontanen Charakter dieses Gebietes wider. Viele seltene Pflanzenarten, die normalerweise nur in Berggebieten vorkommen, wachsen hier. Unter ihnen befindet sich der Bärwurz (Meum anthamanticum), ein weißer Doldenblüter, der in Kombination mit der Schwarzen Flockenblume (Centaurea nigra), einem hellblauen Korbblüter, den Ton angibt. Deswegen teilt man diese Pflanzengesellschaft der Bärwurz-Flockenblumen-Assoziation (Meo-Centauretum nigrae) zu.

Im Frühling sind es jedoch Gelbe Narzissen (Narcissus pseudonarcissus) mit ihren hellgelben Blüten, die diese Wiesen, die zu der Zeit noch durchgängig braun sind, mit Farbe überziehen. Zum Ende des Sommers sorgt der blaue Teufelsabbiß (Succissa pratensis), eine typische Pflanze der feuchten, wenig gedüngten Wiesen, für eine farbige Note. Die beiden erstgenannten Kräuter, der Bärwurz und die Schwarze Flockenblume, sind in den sauren Borstgras-Wiesen (Nardetalia) zu Hause.

Typisch in solchen mageren Wiesen sind auch: die Arnika (Arnica montana), das Harz-Labkraut (Galium saxtile), das Borstgras (Nardus stricta), die Gemeine und die Quendel-Kreuzblume (Polygala vulgaris und P. serpyllifolia), der Haar-Schwingel (Festuca filiformis), die Berg-Platterbse (Lathyrus lunifolius), das sehr seltene Wiesen-Leinblatt (Thesium pyrenaicum), das Wald-Läusekraut (Pedicularis sylvatica) und der für unser Gebiet ungewöhnliche Flügel-Ginster (Genistella sagittalis). Auch die Zweiblättrige Waldhyazinthe (Platanthera bifolia ssp. bifolia) zeigt sich in diesen Wiesen mit sauren Böden. Es handelt sich hier um eine Subspezies, die etwas später blüht als diejenige der reicheren Böden (ssp. latifolia). Außerdem scheinen noch einige andere Heidepflanzen, u.a. die seltene Heide-Wicke (Vicia orobus) und einige wärmeliebende Kräuter, die eher auf trockenen, selbst kalkreichen Böden eine blumenreiche Vegetation bilden können, hier ihren festen Platz zu haben: Es handelt sich um den Feld-Thymian (Thymus pulegoides), das Gelbe Sonnenröschen (Helianthemum nummularium ssp. obscurum) und das Niedere Labkraut (Galium pumilum).

Diverse Wiesenkräuter runden das Bild ab. Es sind hauptsächlich Kräuter aus den Blaugraswiesen (Molinietalia). Dies sind Heuwiesen, die sehr feucht sind und nur wenig gedüngt wurden. In derartigen Milieus sind einige Orchideen vertreten: das Flecken-Knabenkraut der Ardennen (Dactylorhiza maculata ssp. arduensis) und das Breitblättrige Knabenkraut (Dactylorhiza majalis). Der Monat Juni ist die günstigste Zeit, um diese seltenen Pflanzen aufzuspüren. Aber aufgepaßt: Es ist verboten, sie zu pflücken. Sie stehen auf der Roten Liste und sowohl die ober- als auch die unterirdischen Teile dieser Pflanzen sind geschützt. Diese Maßnahme gilt im übrigen auch für zahlreiche andere Pflanzen, die in diesem Gebiet mehr oder weniger häufig vorkommen. So ist auch das bekannte Heilkraut Arnika (Arnica montana) vollständig geschützt.

DIE FLORA

Der Berg-Wohlverleih, besser bekannt unter dem Namen ARNIKA (Arnica montana), mit seinen großen orange-gelben Blütenköpfen (1 bis 3) ist eine auffallende, jedoch stets seltener werdende Erscheinung in den sogenannten Borstgras-Wiesen der nicht kalkhaltigen Böden. Am Stengel sitzen längliche, gegenständige Blätter. Flach auf dem Boden liegt eine Anzahl umgekehrt eiförmiger Wurzelblätter. Alle Blätter sind ungestielt, d.h. sitzend. Die Pflanze selbst ist nicht höher als 50 cm und blüht im Juni und Juli. Sie wird in der Heilkunde u.a. zur Behandlung von Verstauchungen und Prellungen angewendet.

Berg-Platterbse

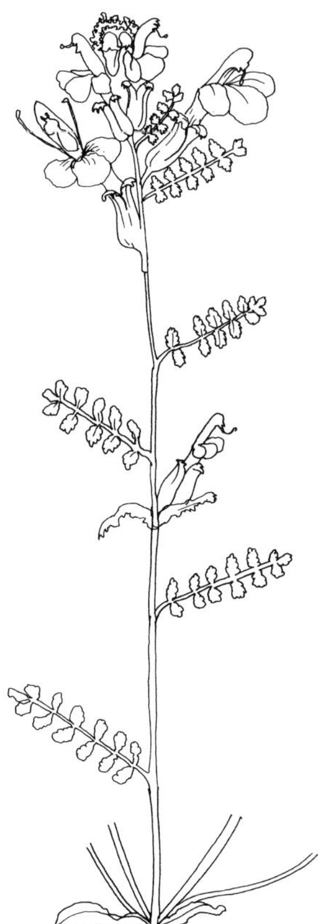

Wald-Läusekraut

Der BÄRWURZ (Meum anthamanthicum) ist ein würzig riechender Doldenblüter (Apiaceae) mit kleinen weißen bis hellvioletten Blüten, hat stark geteilte Blätter, deren Blattzipfel fadenförmig bis linealisch sind (schmaler als 4 mm). Der Bärwurz zeigt eine ausgesprochene Vorliebe für grasige Heidegebiete und trockene Borstgras-Wiesen. Er blüht im Frühsommer und lockt, wie die meisten Doldenblüter, zahlreiche Insekten (Käfer, Wanzen, Schwebfliegen, Bienen und Hummeln) an. Auch Schmetterlinge, u.a. der Violette Silberfalter (Brenthis ino), sind regelmäßig bei ihm zu Gast.

Das BORSTGRAS (Nardus strictus) ist ein sodenbildendes Gras, das für Wiesen auf magerem Boden kennzeichnend ist. Die Blütenähren dieses dünnen, steifen und sehr derben Grases sind sehr einfach zu erkennen: Sie tragen jeweils an einer Seite eine Reihe schmaler Ähren. Beim Anblick dieses Grases denkt man unvermittelt an einen Kamm.

Das HARZ-LABKRAUT (Galium saxtile) bildet zahlreiche liegende, nicht blühende Stengel und nur einige aufrechtwachsende Blütenstengel. Die Blüten sind klein und weiß. Die Blätter stehen in Kränzen zu vier bis sechs, sind umgekehrt eiförmig und haben häufig vorwärtsgerichtete Randborsten an der Spitze. Das Harz-Labkraut ist eine typische Pflanze der grasigen Heidegebiete, es wird jedoch auch an offenen Stellen oder entlang der Wege in Eichen-Birkenwäldern oder Nadelholzanpflanzungen angetroffen.

Die BERG-PLATTERBSE ist ein treuer Bewohner der Abissage-Täler Hoch-Belgiens. Anderswo ist diese Pflanze sehr selten, weil sie weder Düngung noch Schatten verträgt. Man kann die Pflanze am deutlich geflügelten, d.h. mit schmalen Längskanten versehenen Stengel, erkennen. Die Blätter bestehen aus einem bis drei Paar länglichen Teilblättern. Die Blattachse endet in einer Endborste, hat also kein Ranken- oder Endblatt. An der Basis jedes Blattes befindet sich ein spießförmiges Stützblättchen. Die Blüten, drei bis fünf an der Zahl, sind zuerst purpurrot, später fahlblau bis grün und sitzen an einem langen Stiel. Es gibt zwei Unterarten der Platterbse: Die Lathyrus linifolius var. montanus, die wir hier antreffen, hat breite Blätter (5 bis 15 mm) und ist typisch für höher gelegene Standplätze.

Das WALD-LÄUSEKRAUT (Pedicularis sylvatica) ist Teil der Braunwurzfamilie (Scrophulariaceae). Es bevorzugt die kargen, grasigen Standplätze auf kalkarmen und feuchten bis moorigen Böden. Voraussetzung für die Anwesenheit dieser Pflanze ist, daß die Vegetation durch Begrasung, Mähen oder geringes Betreten niedrig gehalten und nicht gedüngt wird, eine Bedingung, die noch bis vor einigen Jahrzehnten in den meisten Tälern Hoch-Belgiens erfüllt werden konnte. Das Wald-Läusekraut hat verschiedene Stengel; der mittlere steht aufrecht und trägt auf der gesamten Länge Blüten. Die Seitenstengel liegen, manchmal können sich einige davon aufrichten und ebenfalls Blüten tragen. Die Blätter sind zusammengesetzt bis gefiedert. Aus dem bauchigen grünen Kelch mit fünf Zipfeln guckt eine rosarote zweilippige Blütenkrone hervor. Sie besteht aus einer langen gewölbten Oberlippe, die hoch über den Rest der Blüte ragt, und einer dreigliedrigen, wenig gewölbten Unterlippe, deren Seitenzipfel etwas größer sind als der mittlere. Das Wald-Läusekraut mit seinem besonderen Blütenbau wird vor allem von Hummeln und Bienen bestäubt. Diese Pflanze lebt als Halbparasit auf diversen Pflanzenarten, vor allem auf Gräsern und Schmetterlingsblütern. Beim Fehlen von Wirtspflanzen können sie notfalls auch aufeinander wuchern, wobei die schwächste Pflanze als Wirt für die stärkere dient.

Der STRAFFE AUGENTROST (Euphrasia stricta) ist ebenfalls ein Halbparasit, der den Wurzeln anderer Pflanzen Wasser und Nährsalze entzieht und hauptsächlich auf Gräsern und Schmetterlingsblütern wuchert. Er ist ein Verwandter der vorherbeschriebenen Art. Ein einziges Mal kommt es ohne die Vermittlung anderer Pflanzen zur Blüte und Samenbildung. Der Straffe Augentrost wächst vor allem auf kargen, ungedüngten Wiesen. Aber auch in Heidegebieten, die regelmäßig gemäht oder viel betreten werden, wird dieses Pflänzchen häufig angetroffen. Es hat einen stark verzweigten Stengel, die Seitenzweige sind gegenständig und entspringen jeweils den Achseln der kreuzgegenständigen Blätter. Diese sind sehr klein, eiförmig und gesägt. Die Blüten sind zweilippig, weiß bis lilafarben mit stark abstechenden violetten Adern und dottergelben Flecken auf der Unterlippe. Die vier Staubfäden sitzen in der gewölbten Oberlippe verborgen. Der Kelch ist grün und mit spitzen Zähnchen versehen. Die Pflanze blüht von Juni bis Oktober. Es ist eine vielerorts anzutreffende Pflanze, die in den kühl-gemäßigten Gebieten Europas und Sibiriens bekannt ist.

Die QUENDEL-KREUZBLUME (Polygala serpyllifolia) ist eine typische Pflanze der Heiden und kargen Grasflächen mit Borstelgras und Harz-Labkraut! Sie ist sehr klein mit ziemlich großen, hellblauen Blüten (jedenfalls in den Hohen Ardennen), die am Ende des Blütenstengels in

PREISELBEERE

Die Blätter sind lederartig, haben einen stark umgerollten Rand, und die Spaltöffnungen befinden sich ausschließlich an der Blattunterseite. Dank dieses besonderen Blattaufbaus kann die Preisebeere unter extremen Bedingungen überleben.

BECHERFLECHTE

Diese Flechte mit ihren roten Streichholzköpfen ist eine häufige Erscheinung in trockenen und moorigen Heidefeldern.

Trauben stehen. Die Blätter sind gegenständig oder beinahe gegenüberstehend und von veränderlicher Länge. Die Blütenkrone ist zweiseitig symmetrisch. Der Kelch besteht aus drei kleinen, grünen Kelchblättern und zwei größeren blauen, kronenartigen Blättern: diese bilden die „Flügel" dieser Kreuzblume und sind stark geadert. Die Quendel-Kreuzblume kommt ausschließlich in West- und Mitteleuropa vor. In den Ardennen und in Kempen kommt sie häufig vor, anderswo ist sie sehr selten oder unbekannt. Sie blüht von Juni bis August.

Die SCHWARZE FLOCKENBLUME (Centaurea nigra) ist in den Ardennen ein sehr seltener Korbblüter. Sie hat hell-rotviolette Blüten, die in einem Blütenkopf zusammengefaßt sind. Im Gegensatz zu anderen Flockenblumen sind die Randblüten nicht strahlend. Sie blüht von Juni bis Oktober und wächst am liebsten auf ungedüngten Wiesen und saurem Boden.

Der WALD-STORCHSCHNABEL (Geranium sylvaticum) gehört zur Storchschnabelfamilie (Geraniaceae). Er wächst auf ungedüngten Niedergebirgsweiden sowie auf Kahlschlägen, an Waldrändern und in offenen Wäldern, vorzugsweise auf sauren Böden. Ebenso wie bei seinen Verwandten sind die Blüten fünffach mit freien Kelch- und Kronenblättern. Der oberständige Fruchtknoten endet über ein schnabelförmiges Verlängerungsstück in einen Stiel mit fünf zungenförmigen Stempeln. Die Ähnlichkeit mit einem Vogelschnabel gab der Pflanze den Namen. Die Blätter sind fingerförmig geteilt. Die Einschnitte sind etwas weniger tief als die des Wiesen-Storchschnabels (Geranium pratense). Im Zweifelsfalle sollte auch die Blütenfarbe beachtet werden: Beim Wald-Storchschnabel ist sie rosa-violett, beim Wiesen-Storchschnabel blau bis purpurblau. Die Pflanze ist in Belgien selten, in Hoch-Belgien ist sie verbreitet.

DIE FAUNA

Ebenso wie die Pflanzenwelt zeigt die Tierwelt, besonders die der wirbellosen Tiere, eine enorme Vielfalt. Darüber hinaus trifft man wiederum eine Anzahl von Arten an, die typisch für die höhergelegenen Gebiete sind, die sogenannten zirkumboreal-alpinen Arten. Es ist beinahe unmöglich, diese Vielfalt mit nur einigen Beispielen wiederzugeben – eine Übersichtstabelle scheint das einzig geeignete Hilfsmittel zu sein. Wir beschränken uns in diesem Fall auf die Insekten, die auf einen typischen Doldenblüter der Abissage-Wiesen fliegen, nämlich auf den Bärwurz. Es handelt sich hauptsächlich um blumenbesuchende Insekten (Schwebfliegen, Bienen und Hummeln), aber auch pflanzenfressende Zikaden und allesfressende Käfer sind in der Liste aufgenommen. Diese Liste erhebt keinen Anspruch auf Vollständigkeit, denn der Bärwurz lockt zahlreiche andere Insekten wie Falter, Libellen, Wanzen usw. an.

Von den Vögeln muß das BRAUNKEHLCHEN (Saxicola rubetra) genannt werden, ein typischer Insektenfresser, der in feuchten Wiesen mit einer artenreichen Flora nistet. In den letzten Jahren erfuhr dieser Sommervogel einen starken Rückgang durch Biotopverlust als Folge von Dränungen, Düngung und Fichtenaufforstungen der nassen Wiesen.

Andere Brutvögel der feuchten Abissage-Weiden sind u.a.: die SCHAFSTELZE (Motacilla flava flava), die GOLDAMMER (Emberiza citrinella), der NEUNTÖTER (Lanius collurio), der RAUBWÜRGER (Lanius excubitor), der SUMPFROHRSÄNGER (Acrocephalus palustris), das SCHWARZKEHLCHEN (Saxicola torquata), etc.

Schließlich darf der SCHWARZSTORCH (Ciconia negra) nicht vergessen werden! Seit einigen Jahren hat dieser seltene Brutvogel sich aller Wahrscheinlichkeit nach wieder in der Umgebung der Hochmoor-Plateaus niedergelassen. Für seine Ernährung (Forellen usw.) ist er auf die feuchten Abissage-Täler angewiesen, sein Nest aber baut er lieber in den nahegelegenen Buchenwäldern. Bis jetzt wurde der Schwarzstorch mehrere Male in diesem Gebiet beobachtet, Brutfälle konnten jedoch noch nicht gemeldet werden.

Was die Amphibien, Reptilien und Säugetiere angeht, können wir uns im großen und ganzen auf die Arten beziehen, die in den Nieder- und Hochmooren und in den trockenen oder moorigen Heiden angetroffen werden.

Insekten, die auf den Bärwurz fliegen:

Ordnung der Käfer *(Coleoptera).*

Actenicerus sjaelandicus
Agriotis obscurus
Agriotus pallidulus
Athous haemorrhoidalis
Coccinella 7punctata
(Marienkäfer mit 7 Punkten)
Ctenicera pectiniformis
Dalopius marginatus
Dascillus cervinus
Haplorarsus incanus
Molorchus mino
Phytoecia cylindrica
Potosia cuprea
Prosternon tessellatum
Sericus brunneus

Ordnung der Wanzen und Zikaden *(Hemiptera)*

Verdanus abdomonalis

Ordnung der Bienen und Wespen *(Hymenoptera)*

Adrena haemorrhoa
Halictus rubicundus

Ordnung der Fliegen und Schwebfliegen *(Diptera)*

Brachyopa testacea
Brachyopa vittata
Cheilosia canicularis
Cheilosia variabilis
Chysogaster hirtella
Chrysogaster solitialis
Chrysogaster virescens
Dasysyrphus friuliensis
Dasysyrphus lunulatus
Eristalis horicola
Eristalis jugorum
Eristalis nemorum
Eristalis pertinax
Eristalis rupium
Helophilus pendulus
Helophilus trivittatus
Leucozona lucorum
Melanostoma mellinum
Melanostoma scalare
Parasyrphus lineola
Parasyrphus punctulatus
Platycheirus albimanus
Platycheirus scutatus
Sericomya lappona
Sericomya silentis
(Hochmoorschwebfliege)
Syritta pipiens
Ischyrosyrphus aternarius
Volucella bombylans
Volucella pellucens
Xanthogramma citrofasciatum

Die Kulturlandschaft

Nadelwälder sind Landschaften, die ihr Entstehen vollständig dem Menschen zu verdanken haben. Die Fichte (Picea abies) wurde seit der Mitte des 19. Jahrhunderts wegen des zunehmenden Holzbedarfs im Bergbau (um die Minengänge abzustützen und zu verstärken) in großem Maß im Hohen Venn angepflanzt. Vor allem die trockenen Heiden, aber auch echtes Hochmoor wurde nach Dränung (für das bessere Gedeihen der Fichten) in Holzproduktionswälder umgewandelt.
Dank des Auftretens von „Les Amis de la Fagne“ und anderer Naturfreunde konnte ein kleiner Teil der ursprünglichen, natürlichen, bzw. halbnatürlichen Landschaft dieser traurigen Bestimmung entzogen werden: Ein Teilstück wurde zum Naturschutzgebiet erklärt. Und doch geht die Tendenz zur Aufforstung weiter. Jetzt sind es vor allem die feuchten Abissage-Wiesen mit ihrer reichen Flora und Fauna, die von Fichtenanpflanzungen betroffen sind. Trotz des Niedergangs der Steinkohle-Industrie, der rückläufigen Nachfrage nach Fichtenholz und des großen Schadens, den Stürme in diesen Wäldern angerichtet haben, findet man regelmäßig wieder kleine, nicht geschützte Moorgebiete, Laubwald oder feuchte Wiesen, die zu Baumschulen umgewandelt werden. Auch die Nachfrage nach Weihnachtsbäumen trägt dazu bei. Belgien steht auf Platz eins der Weihnachtsbaumproduktion. Man deklariert die Weihnachtsbäume als Kulturpflanzen (wie beispielsweise Mais), und so kann man sie ohne Probleme in den der Landwirtschaft vorbehaltenen Gebieten anpflanzen. Man muß lediglich dafür sorgen, daß die Bäume „geerntet“ werden, sobald sie eine maximale Höhe (2 m) erreicht haben. Häufig treten die zuständigen Behörden (Gemeinde- oder Forstämter) nicht oder nur zaghaft gegen Verletzungen der diesbezüglichen Gesetze auf. Die künstlichen Nadelholzpflanzungen stellen immerhin eine ernsthafte Bedrohung für die bestehenden Moorgebiete dar: Sie entziehen dem Boden große Mengen Wasser und sorgen damit für eine gründliche Störung des Wasserhaushaltes. Darüber hinaus gelangen die Samen der Fichten in die moorigen Heiden oder an die Ränder der Hochmoore, keimen und entwickeln sich dort zu Bäumen. Diese können später von den Verantwortlichen nur mühsam wieder entfernt werden. Was die Pflanzenwelt dieser Nadelwälder anbetrifft, so muß ihre Artenarmut erwähnt werden. Doch der Pflanzenwuchs in den älteren und stark ausgedünnten Wäldern spiegelt deutlich das Klima und die Höhenlage des Gebietes wider. Die Tierwelt dieser Nadelhölzer ist dank der Anwesenheit vieler typischer Nadelwaldvögel interessant.

DIE FLORA

In den Kulturwäldern der Ebene des Hohen Venns, insbesondere in den älteren Anpflanzungen, besteht der Unterwuchs hauptsächlich aus geschlossenen Teppichen eines feinen Grases: der Draht-Schmiele (Deschampsia flexuosa). Daneben findet man auch viele Blaubeersträucher (Vaccinium myrtillus), ab und zu Preiselbeersträucher (Vaccinium vitis-idaea) und auch eine Menge Farne. Der Dornige Wurmfarn (Dryopteris carthusiana) und der Adlerfarn (Pteridium aquilinum) sind die am häufigsten vorkommenden Arten. Auch andere, für den Laien nicht einfach zu bestimmende Farne kommen vor. Hier folgen einige Hinweise, um die verschiedenen Arten voneinander zu unterscheiden.

Die Wurmfarne (Dryopteridae) kann man an den gezahnten Blattsegmenten erkennen, die in einer dornförmigen Spitze enden. Die Blattschuppen am Fuße des Stiels des DORNIGEN WURMFARNS (Dryopteris carthusiana) sind klein und einfarbig braun; beim verwandten BREITEN WURMFARN (Dryopteris dilatata) sind sie größer und zweifarbig: in der Mitte schwarz und am Rand braun. Beide Farne sind typische Waldpflanzen. Der Dornige Wurmfarn wächst aber auch außerhalb des Waldes in Nieder- und Hochmooren, zwischen Torfmoosen (Sphagnum sp.) und Haarmoosen (Polytrichum sp.). In Belgien, sowohl in Hoch- als auch in Nieder-Belgien, kommen beide Wurmfarne häufig vor.

Der ADLERFARN (Pteridium aquilinum) ist die größte Farnpflanze. Mit seinen dicken, stark verzweigten Wurzelstöcken kann er große Flächen bedecken. Das geschieht sowohl in Wäldern (auf gerodeten Flächen oder zum Waldrand hin) oder in austrocknenden Hochmooren oder vernachlässigten Heidegebieten. In den moorigen Heiden der Ebenen des Hohen Venns breitet sich dieser Farn von Jahr zu Jahr weiter aus. Auch hier sind Brände die Hauptursache für seine mögliche Ansiedlung und Verbreitung. Der Adlerfarn ist ein Kosmopolit, er ist auf der ganzen Erde verbreitet.

WIEGENDE GRÄSER UND TOTES HOLZ

Wind und Regen gestalten aus abgestorbenen Bäumen seltsame Formen. Dieser Stamm kann noch hundert Jahre überdauern, denn im feuchtkalten Klima des Hohen Venns verlaufen Zersetzungsprozesse außerordentlich langsam.

ZIEHENDE KRANICHE

Diese Weltreisenden rasten jedes Jahr im Frühling und im Herbst auf ihrem Zug in den wilden, offenen Flächen des Hohen Venns. Sie fressen Spinnen, Insekten, Eidechsen, Blindschleichen und allerlei pflanzliche Häppchen. Nach der im Venn verbrachten Nacht steigen sie am folgenden Morgen gestärkt und ausgeruht in die Lüfte und setzen ihre Reise fort.

Der RIPPENFARN (Blechum spicant) hat zweierlei Sorten von Blättern bzw. Laub: einerseits die unfruchtbaren Blätter, die in einer Rosette stehen, und andererseits die sporentragenden, fruchtbaren Blätter, die im Zentrum der Rosette stehen. Diese sterben im Herbst ab. Der Rippenfarn wächst meistens an feuchten Plätzen, entlang der vielen Entwässerungskanäle in den Nadelwäldern. Es handelt sich um eine subatlantische Art, die auf den sauren Böden in den Ardennen oder in Kempen ziemlich häufig vorkommt, anderswo ist der Rippenfarn selten.

Der GEMEINE TÜPFELFARN (Polypodium vulgare) ist ein eher kleiner Farn, der einen charakteristischen Wurzelstock und Blätter hat. Die Blätter sind, ebenso wie beim Rippenfarn, nur einfach gefiedert und dunkelgrün. Der Wurzelstock, der häufig über der Oberfläche kriecht, ist knotig. Außerdem sieht man deutlich die Narben, die die abgefallenen Blätter der Vorjahre hinterlassen haben. Auch die reifen orangefarbenen Sporenkapseln (Sorus / Sori) bilden ein gutes Bestimmungskennzeichen. Tüpfelfarn trifft man auf der gesamten Nordhalbkugel überall an. Er wächst nicht nur auf oder unter den Bäumen, sondern auch auf Felsen, alten Mauern usw.

Der FRAUENFARN (Arthyrium filix-femina) hat hellgrüne, zwei- bis dreifach gefiederte Blätter. Die Sporenkapseln sind, im Gegensatz zu den Wurmfarnen, hakenförmig und nicht rund. Der Blattstengel ist schwarz und hart und an der Basis löffelförmig verbreitert und abgeflacht. Es ist eine in den sauren oder nährstoffarmen Wäldern der Hochebene der Ardennen sehr häufig vorkommende Farnart.

Der BERGFARN (Oreoptis limbosperma) wird oft übersehen, da er dem Wurmfarn ähnelt. Doch gibt es einige auffällige Unterschiede: Die Sori befinden sich am Rande der Blattsegmente, die Teilblätter sind zu beiden Seiten des Hauptnervs gegenüberliegend in gleicher Höhe angewachsen, so daß jeweils ein Teil der Blattachse frei bleibt. Es ist, wie der Name sagt, eine Gebirgspflanze, die in den gemäßigten Zonen Europas zuhause ist. In Belgien ist er nur in den Ardennen (vor allem auf den etwas reicheren Böden) nicht so selten. Die meisten dieser Farne wachsen nicht nur in den Nadelwäldern, sondern man kann sie auch in den ursprünglichen Laubwäldern (Eichen-Birkenwälder und Buchenwälder) der Vennebene antreffen.

Arten, die weniger häufig vorkommen, sind: der WURMFARN (Dryopteris filix-mas), der reichere Böden bevorzugt, und der KAMMFARN (Dryopteris cristata), der sich am liebsten in Niedermooren oder Bruchwäldern aufhält. Die letztgenannte Art ist im Hohen Venn besonders selten.

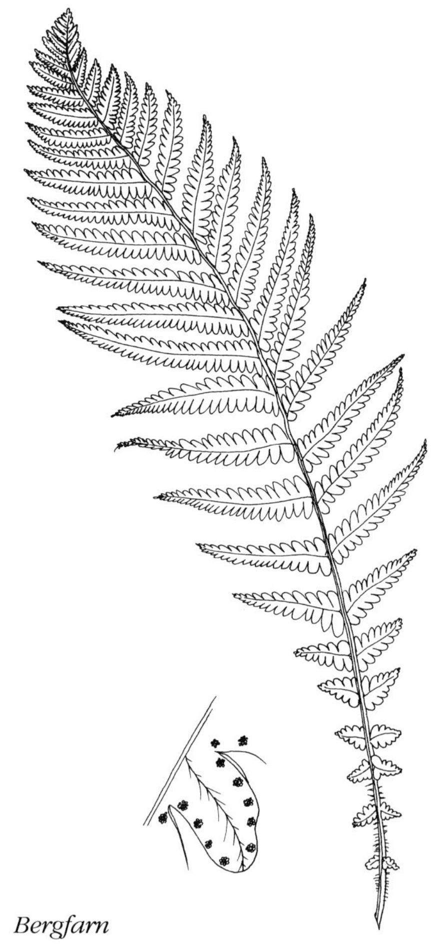

Bergfarn

DIE FAUNA

Der FICHTENKREUZSCHNABEL (Loxia curviristra) ist ein typischer Nadelwaldvogel, den man an seinem gekreuzten Schnabel erkennt, mit dem er Samen aus den Fichtenzapfen herausholt. Die Samen sind im Spätwinter am einfachsten zu erreichen, darum brütet dieser Vogel schon, wenn noch Schnee liegt und es kräftig friert. Die ersten Brutfälle datieren aus den Jahren 1888-89, als die Vögel nach einer Invasion in unser Land kamen. Seit 1973 nistet er regelmäßig (nach neuerlichen Invasionen) in den südöstlichen Ardennen. Man kann ihn auch häufig in der Nähe von Häusern beobachten, wenn er mineralische Salze (Salpeter u.a.) aus den Mauern pickt. Er frißt dabei auch kleine Steinchen, um die Verdauung zu verbessern.

Auch die Goldhähnchen, sowohl das SOMMERGOLDHÄHNCHEN (Regulus ignicapillus) als auch das WINTERGOLDHÄHNCHEN (Regulus regulus), sind typische Bewohner der Fichtenwälder. Beide Arten nisten seit dem zweiten Weltkrieg in großer Zahl bei uns.

Von den Meisen muß die HAUBENMEISE (Parus cristatus), die TANNENMEISE (Parus ater) und die SCHWANZMEISE (Aegithalos caudatus) genannt werden. Die Tannenmeise nistete erstmals 1865 in unserem Land, und seitdem ist sie aus den Fichtenwäldern nicht mehr wegzudenken. Das Gros der Population ist in Hoch-Belgien anzutreffen. Auch dieser Vogel kann in großer Zahl aus seinem Wohngebiet im nördlichen Europa in südlichere und westlichere Gebiete ziehen. Eine derartige Invasion fand u.a. 1982 statt.

Ein Neubewohner in den Fichtenwäldern des Hohen Venns ist die RINGDROSSEL (Turdus torquatus). Dieser echte Gebirgsvogel der offenen Nadelwälder brütet seit 1973 im Hohen Venn.

Andere Neulinge sind die WACHOLDERDROSSEL (Turdus pilaris) und der TANNENHÄHER (Nucifraga caryocatactes). Die Wacholderdrossel nistete 1967 zum ersten Mal im Hohen Venn. Danach verbreitete sie sich allmählich auch im Rest unseres Landes. Seit 1982 brütet dieser aus

EBERESCHE

Von den orange-roten Früchten der Eberesche, den Vogelbeeren, lassen sich verschiedene Drosselarten anlocken. Die im Vogelkot befindlichen unverdauten Samen verbreiten diese Baumart im Venn.

Nord- und Osteuropa stammende Vogel jedes Jahr bei uns. Neben Fichten nistet er auch in Laubbäumen (in Buchen, Pappeln, Birken oder Obstbäumen).

Von dem aus den ausgedehnten Nadelwäldern West-Sibiriens stammenden Tannenhäher nistet die dünnschnäbelige Art bei uns, und zwar nicht im Hohen Venn selbst, sondern in der nahen Umgebung (Malmedy, Stoumont, St. Vith, Büllingen). Seit der massenhaften Invasion von 1968 hat er sich bei uns in diesen Gebieten als Brutvogel angesiedelt.

Schließlich wird noch der RAUHFUSSKAUTZ (Aegolius funerus) erwähnt. Dieser Nachtvogel, der sich von Mäusen und Wühlmäusen, besonders der Roten Wühlmaus (Clethrionomys glareolus) ernährt, stammt aus den nördlichen Nadelwaldgebieten. Er brütet seit 1963 in den Nadelwäldern von Eupen-Malmedy-St. Vith.

Rauhfußkauz

Naturschutz und Freizeitbetrieb

Die Anziehungskraft der Natur auf den modernen Menschen

Das Naturschutzgebiet Hohes Venn leidet zunehmend unter dem Freizeitbetrieb. Unsere moderne Wirtschaftsgesellschaft und die damit einhergehende Verstädterung haben dazu beigetragen, daß die meisten offenen Räume mit überwiegend natürlichem Charakter verlorengegangen sind. Dennoch empfindet der Mensch noch stets die Notwendigkeit des engen Kontaktes mit der Natur. Diesen kann er in unserem Land nur noch am Meer, in den Wäldern oder in den wenigen übriggebliebenen Heide- und Moorgebieten erfahren. Während der Wochenenden und in den Ferien zieht es dann auch viele Menschen nach draußen, um sich in einer natürlichen Umgebung zu erholen. Man geht spazieren, fährt Rad (besonders die Mountain-Bikes sind „in"), reitet, joggt oder läuft im Winter Ski. In den Hohen Ardennen, deren frühe und strenge Winter Aussicht auf Schnee geben, schlägt das Herz des Ski-Wanderers höher!
Vor allem das Hochmoorgebiet mit seiner offenen Landschaft, den hier und dort bizarr wachsenden Bäumen, den murmelnden Bächen, Felssteinen und Eiszapfen übt eine große Anziehungskraft aus. Darüber hinaus wird diese urwüchsige Natur von den meisten Reiseführern „zum Konsum" angeboten, mit allen Folgen. Tausende flämische, wallonische, niederländische, deutsche und selbst französische Touristen überrumpeln dieses doch relativ kleine Naturgebiet, sobald dort nur wenige Zentimeter Schnee liegen. Diese Sportfreunde werden so gut wie möglich betreut und auf die offiziellen Skipisten verwiesen, die rund um das Reservat angelegt worden sind. Das Naturschutzgebiet selbst ist verbotene Zone.

Die Folgen des Freizeitbetriebes für die Umwelt

DER WINTERSPORT:

SCHÄDIGUNG DES PFLANZENWACHSTUMS

Vor allem wenn die Schneedecke zu schmelzen beginnt, bieten die moorigen Heiden den immer wieder über sie hinweggleitenden Skiern wenig Widerstand. Der Boden kann dadurch an einigen Stellen völlig entblößt werden. Der Wiederherstellungsprozeß verläuft nur sehr langsam, und bestimmte trittempfindliche Pflanzen scheinen für immer zu verschwinden. Außerdem bleiben entlang der Skipisten große Mengen Abfall liegen, vor allem Essensreste und Verpackungsmüll. Das Vorkommen der Großen Brennessel und anderer stickstoffliebender Pflanzen im Venn ist eine Folge der schädlichen Düngung, die entsteht, wenn die Menschen einem „dringenden Bedürfnis" nachgeben. Glücklicherweise bleiben diese Einflüsse auf die Randzonen des Moorgebietes beschränkt, da im Venn selbst nicht Ski gelaufen werden darf.

SCHÄDIGENDE EINFLÜSSE AUF DIE TIERWELT

Ein Tier, das stark unter dem undisziplinierten Verhalten manches Skiwanderers zu leiden hat, ist das Birkhuhn. Wegen der Übervölkerung der zugelassenen Pisten und des Lockrufes des unberührten, unversehrten Moores mißachten immer wieder Skifahrer die Vorschriften und begeben sich auf verbotenes Gebiet. Vor allem das Wallonische Venn, das direkt unterhalb von Botrange gelegene Moor, das noch einige Birkhuhnpopulationen beheimatet, wird von Skifahrern bedroht. Wenn die Schneelage sehr hoch ist, dann beschränkt das Birkhuhn seine Nahrungsaufnahme auf wenige Stunden täglich. Den Rest des Tages und auch die Nacht über hockt es in einer Art von Iglu, wo es seine Körpertemperatur in etwa konstant halten kann. Wenn nun ein Skifahrer diesen Vogel aus seinem Iglu aufscheucht, ist dieser gezwungen, seine Energiereserven in Anspruch zu nehmen, um sich einen neuen Unterschlupf zu bauen.

EIN MEER VON GOLD

Das Pfeifengras überzieht im Herbst das Venn mit goldbraunen Farbtönen. An warmen Tagen im Frühling oder im Spätsommer ist es leicht brennbar. Unvorsichtigkeit, das Wegwerfen einer brennenden Zigarette oder das Anzünden eines Lagerfeuers, kann zu Vennbränden führen. Darum wird das Naturschutzgebiet bei Brandgefahr für die Öffentlichkeit gesperrt. Kleine rote Flaggen am Eingang zeigen dem Besucher diese zeitweise Sperrung an.

KNÜPPELPFADE

Um Übertretungen zu verhindern, wurden im Hohen Venn zahlreiche Knüppelpfade angelegt. Sie dürfen auf keinen Fall verlassen werden, damit bleibende Schäden am trittempfindlichen Pflanzenbewuchs verhindert werden.

Geschieht dies mehrere Male an einem Tag, so muß das Tier wieder erneut Nahrung aufnehmen. Am späten Nachmittag, in der Dämmerungszeit, hat es meistens zu wenig Zeit, um noch genügend Futter zu finden. Das kann den Tod dieses Vogels zur Folge haben.

VERÄNDERUNGEN VON BODENCHEMIE UND WASSER

Eine andere Schädigung der Umwelt ist dem Einsatz von Streusalzen zuzuschreiben. Damit jeder Ski-Freund ohne Probleme den höchsten Teil Belgiens erreichen kann, streut der Straßen- und Wegedienst große Mengen Salze (Natrium- und Kalziumchloride). Diese Salze greifen nicht nur die Straßenbeläge und Autobleche an, sondern verunreinigen gleichfalls Bäche und Grundwasserreserven und schädigen Flora und Fauna dieses Hochmoorgebietes. Man hat im Trinkwasserbrunnen der Wissenschaftlichen Station von Mont-Rigi eine erhöhte Konzentration von Chlorionen gemessen: 600 mg/l anstatt der zugelassenen 200 mg/l. Im Trôs-Marets-Bach stellte man eine Salzkonzentration von 200 mg/l anstatt der erlaubten 10 mg/l fest. Diese Konzentration erhöhte sich im Sommer als Folge der Verdunstung bis auf 800 mg/l.
Auch die Zunahme von Ruderalpflanzen bis tief ins Moor hinein (4 bis 8 m tief entlang beider Straßenkanten) weist auf eine erhöhte Zufuhr organischer Materialien und mineralischer Bestandteile hin. Dafür ist hauptsächlich das einsickernde Schmelzwasser verantwortlich. Um dem vorzubeugen ist im neuen Schutzplan das Anpflanzen eines natürlichen Baumgürtels entlang der großen Straßen vorgesehen.

SOMMERERHOLUNG

Die einzigen im Moor zugelassenen Formen von Freizeitgestaltung sind Spaziergänge und Wanderungen. Doch dürfen auch Wanderer und Naturfreunde nicht tun und lassen, was sie möchten. Viele Besucher verlassen die zugelassenen Wanderwege und begeben sich in die geschützten Gebiete. Manchmal erfolgt dies unbeabsichtigt wegen fehlender oder schlechter Wegweiser, oder aber bewußt, um bestimmte seltene Pflanzen oder Tiere aus der Nähe zu beobachten bzw. zu fotografieren. Wenn dies häufig geschieht, z.B. durch Wandergruppen, können diese Übertretungen zur Folge haben, daß bestimmte empfindliche Pflanzenarten aussterben. Andere trittfeste Pflanzen, wie Borstgras, Rasensimse und Sparrige Binse nehmen dann mit der Zeit ihre Plätze ein. Vögel, die im Moorgebiet nisten, werden oft aufgescheucht und lassen im Wiederholungsfalle ihr Gelege oder ihre Jungen im Stich. Besonders das Birkhuhn ist ein solches Opfer. Schließlich kann Unvorsichtigkeit, z.B. das Wegwerfen einer brennenden Zigarette oder das Anzünden eines Lagerfeuers schlimme Folgen haben.
Während der warmen Frühjahrsmonate und im Spätsommer ist das in den moorigen Heiden massenhaft vorhandene Pfeifengras leicht entzündbar. Es können große Moorbrände entstehen, bei denen riesige Flächen verbrennen. Das Resultat ist verheerend. Brände stören den Pflanzenwuchs, weil bestimmte Pflanzenarten wie Heidepflanzen, Torfmoose usw. vollkommen verschwinden. Auch Eidechsen, Frösche usw. überleben eine solche Katastrophe nicht. Regeneration, so weit überhaupt möglich, erfordert Jahre und meistens entsteht auf solch einem schwarzgebrannten Boden eine ganz andere Vegetation, die entsprechend auch eine andere Fauna beherbergt. Vor allem Pfeifengras und verschiedene holzige Gewächse wie Ohr-Weide, Birke und Eiche profitieren aufgrund der erhöhten Zufuhr von Bodenmineralien von diesen Moorbränden.

Andere Bedrohungen

RÜCKGANG DER HOCHMOOR-FLÄCHEN

Wissenschaftler (A. Jortay und R. Schumacker, 1988) haben herausgefunden, daß im Hohen Venn nur noch 100 Hektar „aktives Hochmoor“ vorhanden sind. Hätte man vor 500 Jahren die Hochmoorfläche untersucht, dann hätte man noch mehr als 1000 Hektar feststellen können. 200 ha gingen durch Kultivierung verloren, während die übrigen 700 ha komplett trockengelegt und anschließend von Moorbränden verwüstet wurden. Die Einrichtung des Naturschutzgebietes im Frühjahr 1957 sollte dafür sorgen, daß die letzten Reste aktiven Hochmoors (damals noch 125 ha, ohne das Hochmoor vom Rurhof) nicht verlorengehen.
Und doch scheinen die getroffenen Schutzmaßnahmen nicht die gewünschten Resultate zu liefern. Aus den Messungen von Jortay und Schumacker ergibt sich nämlich, daß in einer Zeitspanne von ungefähr 20 Jahren (von 1955 bis 1984) nochmals etwa 20 ha aktives Hochmoor verschwunden sind. Dieser anhand von Luftfotos festgestellte Rückgang geht mit der unumkehrbaren Überwucherung von Pfeifengras auf Kosten aller torfbildenden Pflanzen einher. Ursache dafür sind das frühere Torfstechen und großflächige Dränungsmaßnahmen, die eine Senkung des Grundwasserspiegels bewirkt haben. Auch das Betreten fördert den Austrocknungsprozeß. Man stellte eine weitgehende Vergrasung auf der Höhe der „Piste Fagnoul“ fest - ein Weg, der das Hochmoor des Wallonischen Venns buchstäblich in zwei schneidet.

VERSCHWINDEN DER HEIDE

Wie bereits erwähnt, verdanken die trockenen sowie die moorigen Heiden ihr Entstehen dem Menschen. Solange die Heide Teil des damaligen Landbewirtschaftungssystems war, blieb sie als Lebensgemeinschaft bestehen. Sobald man jedoch diese früheren Landbaupraktiken (Mähen, Beweiden usw.) beendet hatte, kehrten die Bäume allmählich wieder zurück und überwucherten die vorhandenen offenen Flächen.

Neben Baumbewuchs bildet auch die früher beschriebene Vergrasung eine zunehmende Bedrohung. In den moorigen Heiden handelt es sich um Pfeifengras, auf den trockenen Heideflächen findet man die Draht-Schmiele. So zeigt eine in den nordöstlichen Mooren (Stuhl, Kutenhart und Allgemeines Venn) durchgeführte vergleichende Studie, daß dort zwischen 1961 und 1986 etwa 92% der moorigen Heiden in Grasland umgewandelt wurden (A. Jortay, 1986).

Es wurden bereits verschiedene Gründe angeführt, die die Ursache dieses Problems sind, nämlich die Dränungen und die größtenteils daraus herrührenden Moorbrände. Dränungen wurden nicht allein zum Zwecke des Waldbaus durchgeführt, sondern auch wegen der Trinkwasserversorgung und für die Wasserkraftwerke. Große Stauseen, die Seen von Gileppe, Eupen, Robertville und Bütgenbach wurden in der Nähe des Hohen Venns angelegt und fangen Wasser aus den Mooren auf. Dies verursacht ein Absinken des Grundwasserspiegels und hat zur Folge, daß die Vegetation vertrocknet und vergrast.
Die frühere Landwirtschaft, die eine kontinuierliche Abfuhr von Material und Nährstoffen garantierte, sorgte dafür, daß der Heidebewuchs nicht durch andere Vegetationen ersetzt werden konnte. Die Beendigung dieser Bewirtschaftungsform unterstützte die Anreicherung mit Nährstoffen. Die Pflanzen der Heidefamilie, die dank ihrer Mykorrhiza an die kargen Böden angepaßt sind, waren den starkwachsenden Gräsern nicht gewachsen und wurden nach und nach überwuchert.

Ein anderer Schadensverursacher, der vor allem die trockene Hochheide mit Heidekraut, Heidel- und Rauschbeere befällt, ist der Heidekäfer. Dieser gefräßige, kleine Käfer frißt die Heidesträucher kahl und hinterläßt eine Menge abgestorbenen Materials, in dem er dann auch noch überwintert. Die hierdurch auch verursachte Nährstoffanreicherung trägt wieder zur Vergrasung bei.

Schließlich muß auch noch die zunehmende Luftverschmutzung betrachtet werden. Die erhöhte Zufuhr von Stickstoff als Folge des sauren Regens fördert die Entwicklung der Gräser auf Kosten anderer Pflanzen, die nur wenig Stickstoff benötigen.

FARBIGE HERBSTSONATE

*Pfeifengras und Rauschbeere
unterscheiden die nassen und die trockenen Standplätze.*

RIESIGE GRASBÜSCHEL WEISEN AUF EINGRIFFE DES MENSCHEN HIN

*Dränungen und Moorbrände unterstützten die Verbreitung des Pfeifengrases.
Hunderte Hektar aktives Hochmoor wurden in monotone Pfeifengrasfelder verwandelt.
Um die Bildung von Hochmooren erneut zu ermöglichen,
muß der Grundwasserspiegel dieses Gebietes wieder erhöht werden.
Deswegen krempeln jedes Jahr Mitglieder der ortsansässigen Naturschutzvereine
die Ärmel auf und werfen die zahlreichen, das Venn durchziehenden kleinen Entwässerungskanäle wieder zu.*

Verwaltung des Naturschutzgebietes

ZIELSETZUNGEN DES SCHUTZPLANS

Bis vor einigen Jahren wurde das Naturschutzgebiet des Hohen Venns nicht oder nur kaum unterhalten. Die verantwortliche Forstverwaltung beschränkte sich auf das Anlegen von Knüppeldämmen und deren Instandhaltung sowie auf das Aufstellen von Informationstafeln auf Höhe der hauptsächlichen Zugangswege. Ensprechend dem Gesetz vom 12. Juli 1973 über den Naturschutz (Art. 14) wurde auf Antrag des zuständigen Ministers ein Schutzplan ausgearbeitet. Die Wissenschaftliche Station des Hohen Venns und die Universität Lüttich erhielten diesen Auftrag.

Der Schutzplan sieht folgende Maßnahmen vor:

1. Der Austrocknung der letzten Hochmoore Einhalt gebieten und neue Techniken untersuchen, die zur Wiederherstellung des Hochmoors und seines gestörten Wasserhaushalts führen können.

2. Wegen des landschaftlichen und historischen Wertes die moorigen und die trockenen Heidegebiete unterhalten mit dem Ziel der Instandhaltung ihrer Flora und Fauna.

3. Der zunehmenden Bewaldung Einhalt gebieten und alle nicht-einheimischen Arten (Fichte, Schwarzerle usw.) entfernen.

4. Das Anlegen von Knüppeldämmen zur Verhinderung des direkten Betretens: Hierbei müssen störungsempfindliche Gebiete so weit möglich ausgespart werden, damit die Spaziergänger keinen unwiderruflichen Schaden anrichten können.

5. Natürliche Pufferzonen für das Naturschutzgebiet vorsehen, so daß ein allmählicher Übergang zum Produktionswald entsteht. Eine derartige Maßnahme wird der Landschaft dienlich sein.

Die Durchführung dieser Maßnahmen wird in Kürze in die Hände von zwei Forstämtern der Abteilung Natur und Forste der Wallonischen Region gelegt. Das war vorher nicht der Fall: Für das Reservat waren fünf Forstingenieure verantwortlich.

Weiterhin wurde mit Blick auf die Ausführung der verschiedenen, im Schutzplan festgelegten Schutzmaßnahmen eine leichte Maschine gekauft. Es handelt sich um ein „Flexomobil" mit Raupenantrieb. Diese Maschine ist mit doppelten Mähbalken ausgerüstet, um das Befahren auf ein Minimum zu beschränken. Sie kann zum Mähen der großen Flächen vergraster Heiden angewendet werden und sie fängt darüber hinaus das Abgemähte auf; dadurch wird die Anreicherung des Bodens vermieden.

DIE GÜLTIGEN SCHUTZMASSNAHMEN

1. Das Anlegen von Wanderwegen
   Eine hohe Besucherzahl bringt viele Schäden mit sich mit. Vor allem das Betreten verursacht bleibende Schäden für die moorigen Heiden und das Hochmoor. Darum wurde schon am Anfang das Anlegen von Knüppeldämmen im Reservat beschlossen. Während diese früher an Ort und Stelle aus dem vorhandenen Fichtenholz angefertigt wurden, werden sie nun aus gegen Verrottung behandelten Fichtenbrettern auf Vorrat hergestellt. Die vorgefertigten Teilstücke werden dann mit Hilfe eines Raupenfahrzeugs oder gar per Hubschrauber an die vorgesehene Stelle gebracht.

2. Das Aufstellen von Einzäunungen
   Bestimmte Wanderwege, die schon seit langem in Gebrauch sind, werden nun aus Gründen des Naturschutzes (Brutplätze, trittempfindliche Pflanzen usw.) für die Öffentlichkeit gesperrt. Hierzu wurden Zäune aufgestellt. Informationstafeln geben den Grund für die Absperrung an. Auf diese Art und Weise hofft man, die Besucher freundlich aber effektiv von der Benutzung dieser Wege abzuhalten.

3. Das zeitweise Absperren bestimmter Gebiete
Das Naturschutzgebiet kann während einer bestimmten Zeit teilweise (z.B. die Brut- und Balzgebiete des Birkhuhns) oder auch vollständig (z.B. bei Brandgefahr im Frühjahr oder Spätsommer) für die Öffentlichkeit gesperrt werden. Das geschieht einerseits durch das Anbringen von Hinweistafeln und andererseits durch das Hissen von roten Flaggen an allen Zugangswegen zum Moorgebiet. Das Nichtbeachten dieser zeitlich beschränkten Maßnahmen kann durch das Aufsichtspersonal mit einer Geldbuße bestraft werden.

4. Eine verbesserte Kontrolle
Seit 1991 versucht man, mit Hilfe von Freiwilligen die Aufsicht im ausgedehnten Naturschutzgebiet zu verbessern. Diese Freiwilligen durchstreifen während der Wochenenden und der Ferienzeiten das gesamte Gebiet und achten darauf, daß die geltenden Vorschriften besser respektiert werden. Sie können auch die Bestrafung bei Übertretungen veranlassen: Mit ihren Funkgeräten benachrichtigen sie den diensthabenden Förster, der eine Anzeige erstattet.

5. Das Anlegen und Unterhalten von Langlaufpisten
Um das wilde Skifahren einzudämmen, haben die Verantwortlichen offizielle Langlaufpisten außerhalb des Reservates angelegt. Diese werden mit Hilfe des Flexmobils unterhalten: Man tauscht die Mähbalken durch zwei Skibretter aus und zieht damit Loipen, in denen die Langläufer Ski fahren können. Für die Benutzung muß allerdings gezahlt werden: Am Eingang der Skipisten und bei den Ski-Vermietern kann man Tages-Vignetten (50 BF) oder Saison-Vignetten (300 BF) kaufen (Preise für die Saison 1996/97). Während der Ski-Saison führen bezahlte Kräfte auf den Skipisten Kontrollen durch. Mit Schnee-Scootern fahren sie herum und kontrollieren, ob die zugelassenen Pisten nicht verlassen werden und daß alle Benutzer eine Vignette haben.

6. Das Mähen und Plaggen der vergrasten Heideflächen
Mit der Mähmaschine hat man den Kampf gegen die zunehmende Vergrasung aufgenommen. Das Flexmobil eignet sich dank des Raupenfahrwerks und des besonders niedrigen Gewichts (Gewicht: 1.500 kg, Druck auf den Boden: 0,15 kg/cm^2) besonders für die mechanische Unterhaltung der moorigen und trockenen Heidegebiete.
Und doch gibt es verborgene Probleme: das Vorhandensein der unzähligen Findlinge im Moor. Bei den ersten Mähversuchen rammte die Maschine einen im Pfeifengras versteckten Findling, wodurch die Messer stark beschädigt wurden. Die einzige Möglichkeit, dieses Problem zu umgehen, ist das vorherige Kontrollieren der Mähflächen. Diese teure Handarbeit verursacht zusätzliche Kosten. Doch trotz dieser zeitraubenden Kontrollen bietet das maschinelle Mähen Vorteile: Im allgemeinen rechnet man, daß die Bearbeitung der vergrasten Heidegebiete ca. 10 Std./ha beträgt, während sie bei Anwendung der alten Handarbeitsgeräte (Sensen) etwa 150 bis 200 Std./ha beträgt.
Auch das Plaggen (Abstechen der obersten Bodenschicht zusammen mit der sie bedeckenden Vegetation) geschieht maschinell. Das Flexmobil kann dafür mit einem mechanischen Plaggspaten ausgestattet werden. Diese Methode dient dazu, zur nährstoffarmen Ausgangssituation zurückzugelangen: Auf dem feuchten, nackten Boden sollen diverse selten gewordene Pflanzenarten (u.a. Weißes Schnabelried und Sonnentau) die Möglichkeit haben, sich wieder anzusiedeln. Man will das Moorgebiet auf der Höhe von Durèt auf diese Art und Weise wiederherstellen.

7. Fällen von Bäumen und Sägemehlverbrennung
Das Fällen von Bäumen und Sträuchern, die schon große Oberflächen überwuchert haben, geschieht manuell mit der Kettensäge. Das gefällte Holz wird wegtransportiert und das entstandene Sägemehl verbrannt. Das Verbrennen geschieht möglichst an einer beschränkten Anzahl von Feuerplätzen: Auf diese Art und Weise soll die Anreicherung des Bodens mit mineralischen Aschen auf ein Minimum begrenzt werden.

8. Zuschütten von Entwässerungskanälen
Seit mehreren Jahren bemühen sich Freiwillige von „Les Amis de la Fagne", die vielen im Moor angelegten Entwässerungskanäle zuzuschütten. Mit Fichtenzweigen baut man kleine Dämme, vor die anschließend Grassoden gelegt werden, die das einsickernde Wasser zurückhalten sollen. Das vom Wasser mitgeführte Material häuft sich auf der Höhe dieser kleinen Dämme allmählich an, und nach und nach setzt sich der Kanal zu. Diese Methode ist sehr arbeitsintensiv und liefert erst langfristig Ergebnisse.

DER ERSTE SCHNEE

Sobald der erste Schnee fällt, erstarrt die Landschaft und läßt alles gelassen über sich ergehen.
Häufig hält der Frühling hier erst spät seinen Einzug.

FICHTEN SÄHEN SICH AUS

Ein Schutzplan sieht die Entfernung aller nicht-einheimischen Bäume, unter anderem der Fichten, aus dem Naturschutzgebiet vor. Dieser Nadelbaum hat sich im Laufe der Jahre immer weiter ausgesät, und es erfordert große Mühe, die Bäume wieder zu entfernen.

9. Unterhaltung durch Weidetiere
Der Einsatz pflanzenfressender Säugetiere (Schaf, Ziege, Rind, Pferd usw.) wird noch nicht zum Unterhalt der halbnatürlichen Landschaften genutzt. Es könnte jedoch eine außerordentlich gute Möglichkeit sein, die zunehmende Vergrasung und Bewaldung aufzuhalten. Des weiteren sorgt das Vieh bei geringer Dichte für eine weitere Variation der Pflanzendecke. Diese Tiere gehören seit eh und je zu einer solchen Landschaft und würden den Erlebniswert der Natur in diesem Gebiet deutlich erhöhen. Vor allem angepaßte, winterharte Rassen, die in der Natur wildlebend bestehen und sich fortpflanzen können, sollten ausgewählt werden. Die alten Heidschnuckenrassen (das Drent'sche, Veluw'sche und Kempische Heideschaf) ebenso wie die primitiven Rinder- und Pferderassen (das Heckenrind, das Schottische Hochlandrind, das Ungarische Steppenrind, das König-Pferd usw.) sind bestens für die Unterhaltung der Heide- und Moorgebiete geeignet. Beweidungsexperimente in den uns umgebenden Nachbarländern (Niederlande, Deutschland usw.) haben dies mit Erfolg nachgewiesen. Die Verwaltungskommission hat verschiedene Experimente besucht und untersucht, doch die Kosten und die Nachteile, die mit der Norwendigkeit verdunden sind, qualifizierte Schäfer einzustellen, die ständig verfügbar sein müssen, haben dieses Experiment bislang nicht zum Einsatz kommen lassen.

Informationen über Naturschutz und Naturerziehung

SCHAUTAFELN UND INFORMATIONSZENTREN

Die Verwaltung des Naturschutzgebietes hat, wie bereits erwähnt, eine große Zahl von Informationstafeln und Warnschildern anbringen lassen. Die meisten Tafeln enthalten eine Übersichtskarte des Gebietes, deuten auf Piktogrammen an, was den Besuchern erlaubt ist und was verboten ist: auf den Wegen bleiben, keine Blumen pflücken, die Tiere nicht stören, kein Feuer machen, nicht zelten, keine Hunde mit ins Moor nehmen usw. Zusätzlich verfügt das Naturgebiet über zwei Informationszentren: einerseits das Informationszentrum des Naturparks Hohes Venn - Eifel auf der Höhe von Botrange (eine Initiative des Tourismusdienstes der Provinz Lüttich), und andererseits das an der Straße von Eupen nach Monschau gelegene „Haus Ternell" (eine Initiative der Deutschen Gemeinschaft). In beiden Zentren kann man die benötigten Wanderkarten und Literatur über das Hohe Venn und angrenzende Gebiete erwerben. Auch Film- und Diavorführungen und verschiedene Ausstellungen sollen die Besucher über den naturhistorischen Wert und den Erlebniswert der Natur dieses Gebietes informieren. Außerdem werden von diesen Zentren aus diverse Wanderungen unter der Leitung von Naturführern oder anderer befugter Personen angeboten, die zu festen Terminen stattfinden oder auf Anfrage organisiert werden. Dieses Personal trägt wesentlich zur Information über den Naturschutz und zur Naturerziehung bei.
Seit einigen Jahren hat die Wallonische Region außerdem neben dem Signal de Botrange ein Informationsbüro für das Naturreservat eingerichtet. Dieses Büro ist an allen Wochentagen geöffnet und koordiniert die Arbeiten der Hilfsaufseher, den Brandschutz und die Aufgaben der Naturführer. Hier erhält der interessierte Besucher außerdem Informationen über die roten Fahnen, die autorisierten Wanderwege, usw. Eine Telefonnumer (080/44.72.73 von 9 bis 17 Uhr) und ein Anrufbeantworter (080/77.72,72) stehen dem Besucher zur Verfügung.
Sonntags finden sich hier auch Naturführer ein, die mit interessierten Besuchern und Gruppen Wanderungen durch die C-Zonen des Reservats unternehmen. Der Preis beläuft sich auf 100 BEF pro Person, Start ist um 11 Uhr, Rückkehr gegen 15 Uhr.

NATURLEHRPFAD DURCH DAS POLLEUR-VENN

1989 wurde im Venn ein Naturlehrpfad für die Öffentlichkeit eingerichtet. Durch dieses Moor führt ein einen Meter breiter Knüppelpfad, so daß Kinderwagen und entlang kürzerer Strecken auch Rollstühle mitgenommen werden können. Der Rundweg (4 oder 8 km) ist sehr abwechslungsreich und mit den notwendigen Informationstafeln ausgestattet. Er führt die Besucher über Niedermoore und moorige Heiden zum Beauloup-Tal. In diesem asymmetrischen Tal kann man die meterhohen Schotterhaufen kennenlernen, die das Schmelzwasser der Eiszeiten dort ablagerte. Auch ein alter Torfstich befindet sich an dem Pfad. Weiterhin kann der Wanderer eine magere Heuwiese mit u.a. Bärwurz und Gelber Narzisse, sowie einige abgemähte und abgeplaggte Heidefelder auf seiner Wanderung kennenlernen. Schließlich kann er einen Blick in die gut ausgestattete Wetterstation werfen, die für die (vor allem automatischen) Wettermessungen auf dem höchsten Punkt Belgiens zuständig ist.

Dieses edukative Venngebiet wurde auf Initiative der Verwaltungskommission des Naturparks Hohes Venn - Eifel nach Abstimmung mit der Wissenschaftlichen Station und dem Beirat des Naturschutzgebietes Hohes Venn eingerichtet. Dieses Naturlehrgebiet ist das ganze Jahr über für die Öffentlichkeit zugänglich.
Seit 1996 erwartet die Besucher ein neuer Lehrpfad im Venn von Neur Lowé. Dieser Lehrpfad soll vor allem über die Vennlandschaften aufklären und wurde vom Naturparkzentrum in Zusammenarbeit mit der Abteilung Natur und Forste des Forstamts von Malmedy angelegt. Er ist ganzjährig zugänglich, außer bei Brandgefahr.

Im Naturparkzentrum können die Besucher anhand einer neuen Ausstellung, die 1996 eröffnet wurde, die abwechslungsreiche Geschichte des Hohen Venns näher kennenlernen. In einem Zeittunnel lernen sie die ältesten Landschaften kennen, deren einzige Zeugen heute Felsen und Steine sind, ein riesiges Modell veranschaulicht die Veränderung der Landschaft unter Einfluß des Menschen (Abholzungen, Mähen, Weideplätze, Torfabbau, usw.). Diese Ausstellung wurde vom Naturparkzentrum in Zusammenarbeit mit der Universität Lüttich realisiert und basiert auf einem Konzept der Autorin dieses Buches.

Wissenschaftliche Untersuchungen

Die Universität von Lüttich verfügt seit mehr als 20 Jahren über eine moderne wissenschaftliche Station. Diese ist mit zwei Laboratorien, eins für das wissenschaftliche Personal und eins für Studenten, ausgestattet. Etwa 40 Personen können dort beherbergt werden. Auch Schulklassen (vorzugsweise der oberen Sekundarstufe) und Naturvereinigungen können im Gebäude untergebracht werden. Es besteht die Möglichkeit, Untersuchungen über Flora und Fauna des Gebietes des Hohen Venns anzustellen, aber auch geologische und palynologische Untersuchungen sind möglich.
Auf der Grundlage der gesammelten Informationen und Einsichtnahme in die Ökologie des untersuchten Gebietes wird entwickelt, welche Schutzmaßnahmen getroffen werden sollen. Diese Gegebenheiten werden an den Beirat des Naturschutzgebietes des Hohen Venns weitergegeben. In diesem Gremium sind Wissenschaftler, Vertreter der verschiedenen Naturvereinigungen und die verantwortliche Verwaltung (d.h. die Forstverwaltung der Wallonischen Region) vertreten. Letztere führt unter Kontrolle des erwähnten Beirats die Unterhaltsarbeiten in der Praxis aus.
Die Station für forstwirtschaftliche Forschung (Wissenschaftliches Zentrum von Gembloux) des Ministeriums der Wallonischen Region hat zwei Forscher (Biologen) eingestellt, die mit der wissenschaftlichen Überwachung des Verwaltungsplans beauftragt sind. Diese beiden Biologen sind in der Wissenschaftlichen Station der Universität Lüttich in Mont Rigi untergebracht.

DAS BIRKHUHN

Im Frühling treffen sich die Hennen und Hähne auf den Kampfplätzen, wo die Paarung stattfindet. Dem Fortpflanzungsakt geht ein prächtiges Schauspiel voraus.

WINTER IM HOHEN VENN

Noir Flohay: Die bizarren Formen dieses ausgedehnten Kiefernwaldes werden von der weißen Decke des ersten Schnees noch hervorgehoben.

Liste der verwendeten Literatur

Allemeersch, L. et al.,
Heide in Limburg. Uitgeverij Lannoo Tielt, 1988.

Barvaux, E.,
Contribution à l'Etude des Odonates des Hautes-Fagnes. Revue verviétoise d'Histoire Naturelle, 2, 1987.

Baumgartner, H.,
Les Tourbières, Sites naturels menacés. Pro Natura Helvetica, Ligue Suisse pour la Protection de la Nature, 1983.

Clément, B., Visset, L. et al.,
Tourbières et Bas Marais. Pen Ar Bed n°117. Société pour l'Etude et la Protection de la Nature en Bretagne, 1984.

Collard, R. & Bronowski, V.,
Guide du Plateau des Hautes Fagnes. Edition Les Amis de la Fagne asbl., 1977.

Council of Europe,
Les Tourbières en Europe. Collection sauvegarde de la Nature, n°19, Straßburg, 1980.

Damblon, F.,
Etude palynologique comparée de deux tourbières du Plateau des Hautes-Fagnes de Belgique, la Fagne Wallonne et la Fagne de Cléfaye. Bulletin du Jardin Botanique National de Belgique, 39, 1969.

Devillers, P., Roggeman, W., Tricot, J. et al.,
Atlas van de Belgische broedvogels. Koninklijk Instituut voor Natuurwetenschappen, 1988.

Drèze, A. & Schumacker, R.,
Faniae. Réserve naturelle des Hautes-Fagnes. Locoms editor, Eastbourne Sussex, 1986.

Fontaine, S.,
L'Abîssage des Prés dans les Vallons de Haute-Ardenne nord-orientale. Hautes-Fagnes n°3., 1981.

Fontaine, S.,
Lès troufleûrs de Zôrbrôt. Education-Environnement, 1980.

Fourneau, R.,
Initiation à la Géomorphologie de la Wallonie. Cercles des Naturalistes de Belgique, Centre Marie-Victorin, Vierves-sur-Viroin, 1986.

Frankard, Ph. & Ghiette, P.,
Fagne de la Pôleur, a.s.b.l., Haute-Ardenne, en cours d'édition.

Frankard, P., Lejeune, I., Lespagnard, B. & Taffein, C.,
Promenades en Fagne Wallonne, livret-guide. ASBL Haute Ardenne, 1988.

Gerken, B.,
Moore und Sümpfe, Bedrohte Reste der Urlandschaft. Verlag Rombach, Freiburg, 1983.

Glutz von Blotzheim, U. N.,
Les Tetraonidés. Station ornithologique Suisse de Sempach, Buchdruckerei Stäfa, 1985.

Goodall, David W.,
Ecosytems of the World: Swamp, Bog, Fen and Moor. Elsevier Scientific Publishing Company, 1983.

Hermy, M.,
Natuurbeheer. Uitgeverij Marc Van de Wiele, Brügge, 1990.

Hindryckx, M. N.,
Evolution récente de la Dégradation de la Végétation de la Partie centrale de la Tourbière de la Fagne Wallonne. Mémoire de Fin d'Etude. Lüttich, 1989.

Jacquemart, S.,
Natuur- en Vogelreservaten van België, Hoge Venen. N.V. Historia Brüssel, 1975.

Janssen, Dr. C. R.,
Verkenningen in de palynologie. Oosthoek, Scheltema en Holkema, 1974.

Jortay, A.,
Plan de Gestion écologique de la Réserve naturelle des Hautes Fagnes, Fiche technique du Secteur n°1, Fagnes du Nord-Est. Document interne de la Commission de Gestion de la Réserve naturelle des Hautes-Fagnes, 1986.

Jortay, A.,
Plan de Gestion écologique de la Réserve naturelle des Hautes Fagnes. Fiche technique du Secteur n°10, Vallées de l'Oleffe et de la Schwalm. Document interne de la Commission de Gestion de la Réserve naturelle des Hautes-Fagnes, 1988.

Jortay, A.,
Plan de Gestion écologique de la Réserve naturelle des Hautes-Fagnes. Document interne de la Commission de Gestion de la Réserve naturelle des Hautes-Fagnes, 1989.

Jortay, A. & Schumacker, R.,
L'Evolution des Végétations de Toubière haute active sur le Plateau des Hautes Fagnes. Hautes-Fagnes, 1988.

Kamp, C.,
Les Hautes Fagnes, Portrait d'un Paysage. Eifelverein Düren, 1971.

Lejeune, I.,
Les Palses et Accumulations pierreuse du Plateau des Hautes-Fagnes. Environnement 3, 1986.

Mackay, J. R.,
Pingos of the Tuktoyaktuk peninsula, NWT. Canadian Journal of Earth Sciences 15, n°8., 1979.

Metzmacher, M.,
Aperçu de l'Evolution de l'Avifaune dans la Réserve naturelle des Hautes Fagnes: le Cas de la Fauvette des Jardins et de la Fauvette grisette. Hautes Fagnes 1., 1989.

Pankert, C.,
L'Entretien mécanisé des Zones marécageuses et tourbeuses. Document interne de la Commission de Gestion de la Réserve naturelle des Hautes-Fagnes,
1989.

Pissart, A.,
Pingos et Palses, un Essai de Synthèse de Connaissances actuelles. Hautes Fagnes, 3., 1986.

Pott, E.,
Moor und Heide. B.L.V. Verlagsgesellschaft München, 1985.

Renard, F.,
Premières Données sur le Régime alimentaire hivernal du Tétras-lyre dans les Hautes Fagnes. Aves 25/1, 1988.

Robaszynski, F. & Dupuis, C.,
Guides géologiques régionaux, Belgique. Masson, Paris, 1983.

Schumacker, R.,
Les Landes, Pelouses et Prairies semi-naturelles des Plateaux des Hautes-Fagnes et d'Elsenborn. Colloques Phytosociologiques II. Lille, 1973.

Schumacker, R. & De Zuttere, P.,
Aperçu de la Végétation de la Tourbière de Misten. Colloques phytosociologiques VII. Lille, 1978.

Schumacker, R. & Noirfalise, A.,
Les Hautes-Fagnes. Naturpark Hohes Venn/Eifel und Tourismusverband der Provinz Lüttich, Chauveheid Stavelot, 1981.

Streel, M. & Bless, M.,
The Stavelot Area of the Euregio Meuse-Rhin, from Cambrian to Recent. Annales de la Société de Géologie de Belgique, 113, 1990.

Teixeira, R. M.,
Atlas van de Nederlandse broedvogels. Vereniging voor Behoud van Natuurmonumenten in samenwerking met de Stichting Ornithologisch Veldonderzoek Nederland, 1979.

Van der Baan, G.,
Het Land dat ons is toevertrouwd. Heiden, Vennen en Venen. Instituut voor Natuurbeschermingseducatie, 1973.

Weeda, E. S. et al.,
Nederlandse oecologische Flora. Wilde Planten en hun Relaties. Deel 1. Uitgegeven door het IVN in samenwerking met de VARA en het VEWIN, 1986.

Weeda, E. S. et al.,
Nederlandse oecologische Flora. Wilde Planten en hun Relaties. Deel 2. Uitgegeven door het IVN in samenwerking met de VARA en het VEWIN, 1987.

Weeda, E. S. et al.,
Nederlandse oecologische Flora. Wilde Planten en hun Relaties. Deel 3. Uitgegeven door het IVN in samenwerking met de VARA en het VEWIN, 1988.

Westhoff, V. et al.,
Wilde Planten, Flora en Vegetatie in onze Natuurgebieden. Deel 2: Het lage land. Vereniging tot behoud van Natuurmonumenten in Nederland, 1971.

Westhoff, V. et al.,
Wilde Planten, Flora en Vegetatie in onze Natuurgebieden. Deel 3: De hogere gronden. Vereniging tot behoud van Natuurmonumenten in Nederland, 1973.

Woike, M., Schmatzler, E. & Kaule, G.,
Gefährdete Lebensstätten unserer Heimat, Moore. Deutscher Naturschutzring e.V. Bundesverband für Umweltschutz, 1980.

VERWALDETE TUNDRA

Verlassene Ebenen mit hier und dort einem Zwergstrauch: So etwa muß die Landschaft während der Tundrenzeit der letzten Eiszeit ausgesehen haben.

Inhalt

Dank

Groß ist die Zahl derer, die zur Entstehung dieses Buches beigetragen haben.
Meinen besonderen Dank möchte ich Kriki De Wilde aussprechen, die die Schreibmaschinenarbeit übernommen hat, An Melon für die Zeichnungen und Skizzen, die größtenteils Ihrer Inspiration entsprungen sind, Jean-Marie Winants, der eine Anzahl seiner Zeichnungen zur Verfügung stellte, Rita Teerlinck, die diese Veröffentlichung mit ihrer Birkhuhn-Zeichnung auffrischte, Maja Reimers und Claire Vanderhoeven-Dell für die Übersetzungen ins Deutsche und Französische und Georg Hamacher für die Korrektur des deutschen Textes. Danken möchte ich auch Professor R. Schumacker für die Dokumentation und Information, die er mir zur Verfügung stellte, und für seine aufbauende Kritik. Dank an Professor M. Streel, John van Gompel, Pascal Ghiette und Frank Renard, die konstruktiven Kommentar zu einem Teil oder zum vollständigen Manuskript gaben.
Und zum Schluß möchte ich André Dreze nicht vergessen, der es uns ermöglichte, das Hohe Venn aus der Luft zu fotografieren.

Carine Taffein.

Kolophon:

Zweite, überarbeitete Auflage

Die Originalausgabe erschien 1991 unter dem Titel „De Hoge Venen" beim Verlag Van de Wiele in Brügge.

Redaktion:
Carine Taffein

Photographie:
Michel Decleer

Zeichnungen:
An Melon
Rita Reerlinck
J.M. Wijnants

Layout:
Johan Mahieu, Brügge

Photosatz und Montage:
Grenz~Echo, Eupen

Photogravüre:
Deckmyn, Roeselare

Druck:
Grenz~Echo, Eupen

ISBN 90-5433-092-9
D /1997 / 3071 / 9

Printed in Belgium